세계사 속의
갈등과 통합

세계사 속의
갈등과 통합

하원수
박기수
최자명
이상동
김민철

지음

성균관대학교
출 판 부

● 서문

역사학에서 사료의 중요성은 두말할 필요가 없습니다. 역사의 특정 국면에서 그 현장의 모습과 소리를 직접 전해주는 것이 바로 사료이기 때문입니다. 그러므로 대부분의 사학과에서 학부 고학년 과정부터 사료를 읽히고, 대학원의 경우 사료 강독 위주로 수업이 진행됩니다. 역사학이란 어쩌면 사료를 직접 읽으면서 그 시대의 구체적 역사상을 스스로 파악해 가는 일이라고 해도 크게 틀리지 않을 것입니다.

이러한 입장에서 성균관대학교 사학과는 일찍부터 사료와 밀착된 역사 교육을 중시해 왔습니다. 그런데 BK21플러스 사업의 지원을 받아 '글로벌 시대 횡단적 역사학 교육 연구 사업단'을 운영하면서, 21세기의 새로운 역사학은 한국 · 동양 · 서양이나 전근대 · 근대의 경계를 넘나들면서 중요한 사료를 함께 검토해야 할 필요성을 절감하였습니다. 특히 외국사의 경우 학생들에게 익숙하지 않은 언어 문제로 인해 이러한 교육 과정이 쉽지 않았습니다. 이 책은 위와 같은 성균관대 사학과의 다년간 교육 경험을 바탕으로 사학과 대학원생이 필수적으로 읽고 배워야 할 외국사 사료를 선별하여 수록하였습니다. 이 사료들은 기존 대학원생들의 학위논문 지도과정에서 교육적 효과가 검증된 것입니다.

동아시아와 유럽의 역사를 가르치는 우리들은 광범위한 지역과 시대를 포괄하는 사료집을 간행하려 했으나, 그 일이 쉽지 않았습니다. 그래서 일단 언제 어느 곳의 역사에서나 상견(常見)되는 갈등의 존재에 주목했습니다. 사실 오늘날 한반도는 물론 세계적으로도 이러한 현상이 유난히 두드러진다는 점에서 더욱 그러하였습니다. 사회 구성원들의 이해관계나 견해는 자주 상충하지만, 이를 해결해 보려는 사람들의 노력 역시 계속되어 왔습니다. 이야말로 인간의 역사에서 중요한 문제이며, 동아시아나 유럽도 결코 예외가 아닙니다. 우리들은 이러한 사료들을 모아서 같이 읽고 가르쳐 보고자 했던 것입니다.

이와 같은 문제의식에서 편찬한 본서는 세계사의 특정한 역사적 국면에서 나타난 전형적인 갈등 양상을 찾은 뒤 이와 관련된 사료들을 모아서, 그것을 동아시아사와 유럽사로 구분하였습니다. 그리고 이러한 역사적 현상이 생기고 또 해소 혹은 전화(轉化)되어 가는 과정을 잘 보여줄 수 있도록 유관 사료 한 쌍을 연이어 제시하였습니다. 여기에서 드러나는 갈등의 역사적 의미는 당연히 해석자의 몫입니다만, 이처럼 묶여진 사료들을 통해 해당 사안에 대한 인간들의 다양한 대응 방식을 당시 현장으로 되돌아가 직접 파악 가능하다고 생각합니다.

사실 세계사의 복잡한 전개 속에는 흥미로운 사실들이 숱하고, 그 유관 사료들 또한 엄청나게 많습니다. 하나의 책에 이 모든 것을 담기란 불가능합니다. 따라서 우리는 역사적으로 중요한 의의를 지닌 갈등과 관련된 극히 일부 사료만을 엄선하여 여기에 실었습니다. 하지만 낯선 여러 가지 언어로 적힌 이 사료들을 통하여, 넓은 시야에서 사료에 입각한 역사 연구의 한 묘미를 느낄 수 있으리라 기대합니다. 성균관대학교 사학과의 동아시아사와 유럽사 담당 교수들이 대학원에서의 교육을 염두에 두고 만든 이 책이 학교 바깥에서도 역사를 더욱 거시적이고 종합적으로 이해하려는 이들에게 도움이 되었으면 좋겠습니다.

집필자 일동

범 례

▶ 집필 : 사료의 선별 및 해설

  • 동아시아사 : 하원수(중국 중세), 박기수(중국 근현대), 최자명(일본)

  • 유럽사 : 이상동(유럽 중세), 김민철(유럽 근현대)

▶ 주제 : 일련의 갈등과 통합 양상을 드러내는 사료들을 하나의 쌍으로 묶고, 여기에 관통되는 역사적인 문제를 밝힘

▶ 제목 : 개별 사료의 역사성을 간명하게 드러냄

▶ 해제 : 개별 사료의 성격과 내용 이해에 도움을 줄 수 있는 사실을 설명함

▶ 사료 : 가급적 출전 문헌의 원모(原貌)대로 활자화하였으나, 독자의 편의를 위하여 집필자가 단구(斷句)·표점(標點)한 경우도 있음

▶ 참고문헌 : 개별 사료의 번역이나 역사적 의의 파악에 도움이 될 만한 주요 문헌을 제시함

목 차

동|아|시|아

중 국

왕조의 흥망 : 隋와 唐

1. 제목

隋末의 혼란

2. 해제

『隋書』는 수나라의 역사를 가장 포괄적으로 기록한 紀傳體 正史로서 帝紀·志·列傳 총 85권으로 이루어져 있다. 그런데 황제의 명령으로 많은 관료들이 조직적으로 만든 이 책은 동시에 편찬되지 않았다. 수대의 황제와 인물에 관한 제기와 열전은 唐 太宗 貞觀 10년(636)에 나왔고, 수만이 아니라 梁·陳과 北齊·北周의 제도까지 포함한 지의 경우 高宗 顯慶 1년(656)에 완성되었기 때문이다.

이 사료의 내용은 경제적으로 흥성했던 수 煬帝(재위 604~618) 초기의 상황이 어떻게 급격히 나빠졌는지 잘 설명하고 있다. 이에 따르면 東都의 건설, 운하의 개착, 고구려 침공 등에 따른 백성들의 부담 過重이 그 원인이었다고 한다. 물론 여기에는 양제가 "사람들이 많으면 도적이 된다."며 다 죽이게 했다는 기록처럼 그대로 믿기 힘든 이야기도 보인다. 이는 『수서』와 같이 후속 왕조에서 쓰인 정사가 그

이전 왕조 말기의 문제점을 극단적으로 과장하는 경향과 무관하지
않을 것이다.

3. 사료

煬帝卽位, 是時戶口益多, 府庫盈溢, 乃除婦人及奴婢部曲之課. 男子以
二十二成丁. 始建東都, 以尚書令楊素爲營作大監, 每月役丁二百萬人.
徙洛州郭內人及天下諸州富商大賈數萬家, 以實之. 新置興洛及廻洛倉.
又於阜澗營顯仁宮, 苑囿連接, 北至新安, 南及飛山, 西至澠池, 周圍數百
里. 課天下諸州, 各貢草木花果, 奇禽異獸於其中. 開渠, 引穀、洛水, 自
苑西入, 而東注于洛. 又自板渚引河, 達于淮海, 謂之御河. 河畔築御道,
樹以柳. 又命黃門侍郞王弘、上儀同於士澄, 往江南諸州採大木, 引至東
都. 所經州縣, 遞送往返, 首尾相屬, 不絶者千里. 而東都役使促迫, 僵仆
而斃者, 十四五焉. 每月載死丁, 東至城皐, 北至河陽, 車相望於道. 時帝
將事遼、碣, 增置軍府, 掃地爲兵. 自是租賦之入益減矣. …… 六年, 將
征高麗, 有司奏兵馬已多損耗. 詔又課天下富人, 量其貲産, 出錢市武馬,
塡元數. 限令取足. 復點兵具器仗, 皆令精新, 濫惡則使人便斬. 於是馬
匹至十萬. 七年冬, 大會涿郡. 分江淮南兵, 配驍衛大將軍來護兒, 別以
舟師濟滄海, 舳艫數百里. 並載軍糧, 期與大兵會平壤. 是歲山東、河南
大水, 漂沒四十餘郡, 重以遼東覆敗, 死者數十萬. 因屬疫疾, 山東尤甚.
所在皆以徵斂供帳軍旅所資爲務, 百姓雖困, 而弗之恤也. 每急徭卒賦,
有所徵求, 長吏必先賤買之, 然後宣下, 乃貴賣與人, 旦暮之間, 價盈數
倍, 袤刻徵斂, 取辦一時. 强者聚而爲盜, 弱者自賣爲奴婢. 九年, 詔又課
關中富人, 計其貲産出驢, 往伊吾、河源、且末運糧. 多者至數百頭, 每

頭價至萬餘. 又發諸州丁, 分爲四番, 於遼西柳城營屯, 往來艱苦, 生業盡

罄. 盜賊四起, 道路南絶, 隴右牧馬, 盡爲奴賊所掠, 楊玄感乘虛爲亂. 時

帝在遼東, 聞之, 遽歸于高陽郡. 及玄感平, 帝謂侍臣曰: "玄感一呼而從

者如市, 益知天下人不欲多, 多則爲賊. 不盡誅, 後無以示勸." 乃令裴蘊

窮其黨與, 詔郡縣坑殺之, 死者不可勝數. 所在驚駭. 舉天下之人十分,

九爲盜賊, 皆盜武馬, 始作長槍, 攻陷城邑. 帝又命郡縣置督捕以討賊.

益遣募人征遼, 馬少不充八馱, 而許爲六馱. 又不足, 聽牛以驢充. 在路

逃者相繼, 執獲皆斬之, 而莫能止. 帝不懌. 遇高麗執送叛臣斛斯政, 遣

使求降, 發詔赦之. 囚政至于京師, 於開遠門外, 磔而射殺之. 遂幸太原,

爲突厥圍於雁門. 突厥尋散, 遽還洛陽, 募益驍果, 以充舊數. 是時百姓

廢業, 屯集城堡, 無以自給. 然所在倉庫, 猶大充牣, 吏皆懼法, 莫肯賑救,

由是益困. 初皆剝樹皮以食之, 漸及於葉, 皮葉皆盡, 乃煮土或擣藁爲末

而食之. 其後人乃相食. 十二年, 帝幸江都. 是時李密據洛口倉, 聚衆百

萬. 越王侗與段達等守東都. 東都城內糧盡, 布帛山積, 乃以絹爲汲綆,

然布以爨. 代王侑與衛玄守京師, 百姓饑饉, 亦不能救. 義師入長安, 發

永豐倉以賑之, 百姓方蘇息矣.

● 출전: 魏徵 등, 『隋書』 권24, 食貨志, 北京, 中華書局, 1973, 686-688쪽.

4. 참고문헌

許嘉璐 주편, 『二十四史全譯 隋書』, 上海, 漢語大詞典出版社, 2004(전2책).

劉瑩 등 역, 『歷代食貨志今譯 晉書食貨志 · 魏書食貨志 · 隋書食貨志』, 南昌, 江
　　　西人民出版社, 1986.

渡邊信一郎 역, 『魏書食貨志・隋書食貨志譯注』, 東京, 汲古書院, 2008.

宮崎市定, 전혜선 역, 『수양제 : 전쟁과 대운하에 미친 중국 최악의 폭군』, 서울, 역사비평사, 2015.

1. 제목

唐初의 지배체제 구축

2. 해제

『貞觀政要』는 吳兢(669경~749)이 唐 太宗(재위 626~649) 시기 군주와
신하의 문답, 대신들의 諫爭·奏疏 등을 주제에 따라 분류하여 편집
한 책이다. 이것은 동아시아 지역에서 일찍부터 통치의 모범을 보여
주는 문헌으로 생각되어 왔다. 하지만 그 편찬자 오긍의 행적, 편찬
시기, 판본의 流傳 모두 불확실한 점이 많다. 현존『정관정요』는 당
玄宗 開元 17년(729)에 편찬된 원본은 아니며 후대에 첨삭된 내용이
적지 않은 듯하다.

이 사료는 隋의 성쇠를 설명하면서 올바른 군주의 이상을 제시한 魏
徵(580~643)의 상소와 이를 적극적으로 받아들이는 태종의 답변이
다. 군주와 신하 사이의 이처럼 기탄없는 소통은 훗날 '貞觀之治'란
번영 시기를 가져온 주요 원인으로 높이 평가된다. 물론『정관정요』
가 현종에게 진상된 책임을 생각할 때, 그 증조부인 태종 관련 사실
이 미화되었을 가능성이 크다. 그러나 이 상소나 태종의 답변은 당
시 문헌들을 채록한『冊府元龜』에도 나오며, 여기에서 새로운 통일
제국이 안정을 찾아가는 과정의 일단을 엿볼 수 있다.

3. 사료

貞觀十一年, 特進魏徵上疏曰: …… 昔在有隋, 統一寰宇, 甲兵彊盛, 三十餘年, 風行萬里, 威動殊俗, 一旦擧而棄之, 盡爲他人之有. 彼煬帝豈惡天下之治安, 不欲社稷之長久, 故行桀虐, 以就滅亡哉! 恃其富强, 不虞後患. 驅天下以從欲, 罄萬物而自奉, 採域中之子女, 求遠方之奇異. 宮苑是飾, 臺榭是崇, 徭役無時, 干戈不戢. 外示嚴重, 內多險忌, 讒邪者必受其福, 忠正者莫保其生. 上下相蒙, 君臣道隔, 民不堪命, 率土分崩, 遂以四海之尊, 殞於匹夫之手, 子孫殄絶, 爲天下笑, 可不痛哉! ……

徵又上疏曰: …… 凡百元首, 承天景命, 莫不殷憂而道著, 功成而德衰. 有善始者實繁, 能克終者蓋寡, 豈取之易而守之難乎? 昔取之而有餘, 今守之而不足, 何也? 夫在殷憂, 必竭誠以待下; 旣得志, 則縱情以傲物. 竭誠則胡越爲一體, 傲物則骨肉爲行路. 雖董之以嚴刑, 振之以威怒, 終苟免而不懷仁, 貌恭而不心服. 怨不在大, 可畏惟人, 載舟覆舟, 所宜深愼, 奔車朽索, 其可忽乎! ……

太宗手詔答曰: 省頻抗表, 誠極忠款, 言窮切至. 披覽忘倦, 每達宵分. 非公體國情深, 啓沃義重, 豈能示以良圖, 匡其不及. 朕聞晉武帝自平吳已後, 務在驕奢, 不復留心治政. 何曾退朝謂其子劭曰: "吾每見主上不論經國遠圖, 但說平生常語, 此非貽厥子孫者, 爾身猶可以免." 指諸孫曰: "此等必遇亂死." 及孫綏果爲淫刑所戮. 前史美之, 以爲明於先見. 朕意不然, 謂曾之不忠, 其罪大矣. 夫爲人臣, 當進思盡忠, 退思補過, 將順其美, 匡救其惡, 所以共爲治也. 曾位極台司, 名器崇重, 當直辭正諫, 論道佐時. 今乃退有後言, 進無廷諍, 以爲明智, 不亦謬乎! 危而不持, 焉用彼相? 公之所陳, 朕聞過矣. 當置之几案, 事等弦、韋. 必望收彼桑楡, 期之歲

暮, 不使康哉良哉, 獨盛於往日, 若魚若水, 遂爽扵當今. 遲復嘉謀, 犯而
無隱. 朕將虛襟靜志, 敬佇德音.

● 출전: 吳兢, 謝保成 집교,『貞觀政要集校』권1,「君道」, 北
京, 中華書局, 2003, 16-19쪽.

4. 참고문헌

임동석 역,『정관정요』, 서울, 동서문화사, 2009(전2책).

原田種成,『貞觀政要』, 東京, 明治書院, 1978(전2책).

趙克堯 등, 김정희 역,『당태종 평전』, 서울, 민음사, 2001.

관인선발제도의 변화: 察擧와 科擧

. . .

1. 제목

九品中正制의 실상

2. 해제

『晉書』는 帝紀·志·列傳·載記 총 130권으로 이루어진 紀傳體 正史이다. 唐 太宗이 많은 관료들을 조직적으로 동원해 貞觀 22년(646)에 완성하였다. 이 책이 나오기 전에 이미 晉 관련 史書들이 많았지만, 당조의 정착과 함께 三國을 통일한 진의 역사를 새롭게 정리하려 했던 것이다. 따라서 『진서』는 진의 멸망 후 200년 이상 지난 뒤에 만들어졌을 뿐더러 전형적인 관찬 서적이란 한계를 갖는다. 그러나 여타 晉史들이 사라진 지금 이 책의 사료적 가치 역시 분명하다.

이 사료는 晉初에 劉毅(216~285)가 구품중정법을 비판한 장문의 상소로서 『진서』에 실려 있다. 추천을 위주로 한 察擧의 문제점을 조목조목 지적한 여기에서 魏晉南北朝 시대의 현실이 잘 드러나는데, 실제로 좋은 가문의 사람들이 구품관인법을 이용해 고위 관직을 독

점할 수 있었다. 그 결과 생겨난 門閥은 당시 사회에서 그들만의 자율성과 배타성을 강화했으며, 이로 인하여 좀 더 객관적인 관인 선발 방법을 위한 다각적 모색이 강구되었다.

3. 사료

臣聞: 立政者, 以官才爲本, 官才有三難, 而興替之所由也. 人物難知, 一也; 愛憎難防, 二也; 情僞難明, 三也. 今立中正, 定九品, 高下任意, 榮辱在手. 操人主之威福, 奪天朝之權勢. 愛憎決於心, 情僞由於己. 公無考校之負, 私無告訐之忌. 用心百態, 求者萬端. 廉讓之風滅, 苟且之俗成. 天下訩訩, 但爭品位, 不聞推讓, 竊爲聖朝恥之. ……

今之中正, 不精才實, 務依黨利; 不均稱尺, 務隨愛憎. 所欲與者, 獲虛以成譽; 所欲下者, 吹毛以求疵. 高下逐强弱, 是非由愛憎. 隨世興衰, 不顧才實, 衰則削下, 興則扶上, 一人之身, 旬日異狀. 或以貨賂自通, 或以計協登進, 附託者必達, 守道者困悴. 無報於身, 必見割奪; 有私於己, 必得其欲. 是以上品無寒門, 下品無勢族. 暨時有之, 皆曲有故. 慢主罔時, 實爲亂源. 損政之道一也.

……前九品詔書, 善惡必書, 以爲褒貶, 當時天下, 少有所忌. 今之九品, 所下不彰其罪, 所上不列其善, 廢褒貶之義, 任愛憎之斷, 淸濁同流, 以植其私. 故反違前品, 大其形勢, 以驅動衆人, 使必歸己. 進者無功以表勸, 退者無惡以成懲. 懲勸不明, 則風俗汚濁, 天下人焉得不解德行而銳人事? 損政八也.

由此論之, 選中正而非其人, 授權勢而無賞罰, 或缺中正而無禁檢, 故邪黨得肆, 枉濫縱橫. 雖職名中正, 實爲姦府; 事名九品, 而有八損. 或恨結

於親親, 猜生於骨肉, 當身困于敵讎, 子孫離其殃咎. 斯乃歷世之患, 非徒當今之害也. 是以時主觀時立法, 防姦消亂, 靡有常制, 故周因於殷, 有所損益. 至于中正九品, 上聖古賢皆所不爲, 豈蔽於此事而有不周哉, 將以政化之宜無取於此也. 自魏立以來, 未見其得人之功, 而生讎薄之累. 毁風敗俗, 無益於化, 古今之失, 莫大於此. 愚臣以爲宜罷中正, 除九品, 棄魏氏之弊法, 立一代之美制.

- 출전: 房玄齡 등, 『晉書』 권45, 劉毅傳, 北京, 中華書局, 1974, 1273-1277쪽.

4. 참고문헌

이계명, 『魏晉北朝의 門閥士族 연구』, 광주, 전남대학교출판부, 2016.
閻步克, 『察擧制度變遷史稿』, 瀋陽, 遼寧大學出版社, 1991.
宮崎市定, 임대희 등 역, 『구품관인법의 연구』, 서울, 소나무, 2002.

• • •

1. 제목

科擧制度에 따른 사회의 변화

2. 해제

『古文眞寶』는 戰國時代부터 南宋 말까지의 중국 詩文을 모은 책이다. 그 저자나 편찬 시기를 정확히 알 수 없으나, 널리 읽힌 版本이 송의 멸망 뒤에 만들어졌음은 분명하다. 그런데 『고문진보』가 明代 이후 중국에서 거의 사라져 『四庫全書存目』에조차 그 이름이 보이지 않는 반면, 한국과 일본에서는 14세기 이래 문장의 敎本으로서 중시되었다. 이 책은 수록 작품만 아니라 구성 체재까지 상이한 여러 판본들이 존재하는데, 조선 시대에 통용된 것은 『詳說古文眞寶大全』이다.

이 사료는 『상설고문진보대전』의 맨 처음에 나오는 시문들인데, 배움을 권장한 이 글들 모두 唐 후기나 송대의 인물이 썼다고 한다. 물론 이 작자 기록은 근거가 불확실하여 믿기 어렵다. 하지만 배움을 출세의 수단으로 여긴 그 내용이 唐代 이후 확립된 科擧制度를 배경으로 하고 있음은 확실하다. 조선시대 한국의 선비들이 『고문진보』를 애호한 까닭도 바로 이 때문일 것이다.

3. 사료

眞宗皇帝勸學

富家不用買良田　書中自有千鍾粟　安居不用架高堂　書中自有黃金屋　出
門莫恨無人隨　書中車馬多如簇　娶妻莫恨無良媒　書中有女顏如玉　男兒
欲遂平生志　六經勤向窓前讀

仁宗皇帝勸學

朕觀無學人　無物堪比倫　若比於草木　草有靈芝　木有椿　若比於禽獸　禽有
鸞鳳　獸有麟　若比於糞土　糞滋五穀　土養民　世間無限物　無比無學人

司馬溫公勸學歌

養子不教父之過　訓導不嚴師之惰　父教師嚴兩無外　學問無成子之罪　煖
衣飽食居人倫　視我笑談如土塊　攀高不及下品流　稍遇賢才無與對　勉後
生　力求誨　投名師　莫自昧　一朝雲路果然登　姓名亞等呼先輩　室中若未結
親姻　自有佳人求配匹　勉旃汝等各早脩　莫待老來徒自悔

柳屯田勸學文

父母養其子而不教　是不愛其子也　雖教而不嚴　是亦不愛其子也　父母教
而不學　是子不愛其身也　雖學而不勤　是亦不愛其身也　是故養子必教
教則必嚴　嚴則必勤　勤則必成　學則庶人之子爲公卿　不學則公卿之子爲
庶人

王荊公勸學文

讀書不破費　讀書萬倍利　書顯官人才　書添君子智　有卽起書樓　無卽致書
櫃　窓前看古書　燈下尋書義　貧者因書富　富者因書貴　愚者得書賢　賢者因

書利 只見讀書榮 不見讀書墜 賣金買書讀 讀書買金易 好書卒難逢 好書

眞難致 奉勸讀書人 好書在心記

　白樂天勸學文

有田不耕倉廩虛 有書不敎子孫愚 倉廩虛兮歲月乏 子孫愚兮禮義疏 若

惟不耕與不敎 是乃父兄之過歟

　朱文公勸學文

勿謂今日不學而有來日 勿謂今年不學而有來年 日月逝矣 歲不我延 嗚

呼老矣 是誰之愆

　　＊ 斷句 집필자

> ● 출전: 편자 미상, 『詳說古文眞寶大全』 권1, 「勸學文」, 서울, 경문사, 1981(영인본), 1앞-4앞쪽.

4. 참고문헌

성백효 역주, 『고문진보 前集』, 서울, 전통문화연구회, 2001.

이장우 등 역, 『고문진보 前集』, 서울, 을유문화사, 2007.

熊禮滙, 『詳說「古文眞寶」大全』, 長沙, 湖南人民出版社, 2007.

星川淸孝 注解, 『古文眞寶(前集)』, 東京, 明治書院, 1967(전2책).

8세기 중엽의 稅役制度 변화: 租庸調 제도와 兩稅法

．
．
．

1. 제목

조용조 제도의 내용과 그 특징

2. 해제

『通典』은 杜佑(735~812)가 30년 이상의 개인적 노력으로 唐 德宗 貞元 11년(801)에 완성한 책이다. 이것은 문명의 始原부터 자신의 시대까지 다양한 典章制度를 몇 항목으로 나누어 통사 형식으로 서술한 새로운 형식의 史書이다. 『通志』, 『文獻通考』와 같은 후대의 政書類 서적들은 바로 이 책을 계승한 것이다. 두우는 재상까지 역임한 고관으로서 당시 문헌을 폭넓게 접할 수 있었으므로, 『통전』에 전하는 唐代의 상황은 특히 사료적 가치가 높다.

이 사료는 租庸調 관련 기록으로 唐前期 稅役의 종류, 부담자, 납부 방법 등을 자세히 설명하고 있다. 이는 주로 玄宗 開元 25년(737)의 令文에 의거한 듯하므로 이후 唐令 복원 연구들에서 주요 근거 자료로도 사용되었다. 그런데 최근 발견된 宋代의 『天聖令』에서 당대 부

역령 일부 조항들의 原貌 추정 역시 가능해졌다. 이러한 문헌들과의
비교·검토를 통해 實物 위주의 징세 방식인 조용조 제도의 역사직
특성을 더욱 폭넓게 검토할 수 있을 것이다.

3. 사료

[開元]二十五年定令: "諸課戶一丁租調, 准武德二年之制. 其調絹絁布,
並隨鄕土所出. 絹絁各二丈, 布則二丈五尺. 輸絹絁者綿三兩, 輸布者麻
三斤. 其絹絁爲疋, 布爲端, 綿爲屯, 麻爲綟. 若當戶不成疋端屯綟者, 皆
隨近合成. 其調麻每年支料有餘, 折一斤輸粟一斗, 與租同受. 其江南諸
州租, 並迴造納布.准令, 布帛皆闊尺八寸, 長四丈爲疋, 布五丈爲端, 綿六兩爲屯,
絲五兩爲絢, 麻三斤爲綟. 諸丁匠不役者收庸, 無絹之鄕, 絁布參辰." 日別絁、
絹各三尺, 布則三尺七寸五分. ……

諸課役, 每年計帳至尙書省, 度支配來年事, 限十月三十日以前奏訖. 若
須折受餘物, 亦先支料, 同時處分. 若是軍國所須、庫藏見無者, 錄狀奏
聞, 不得便卽科下. 諸庸調物, 每年八月上旬起輸, 三十日內畢. 九月上
旬各發本州, 庸調車舟未發閒有身死者, 其物卻還. 其運脚出庸調之家,
任和雇送達. 所須裹束調度, 折庸調充, 隨物輸納. 諸租, 准州土收穫早
晚, 斟量路程嶮易遠近, 次第分配. 本州收穫訖發遣, 十一月起輸, 正月
三十日內納畢. 若江南諸州從水路運送, 冬月水淺, 上埭艱難者, 四月以後運送, 五
月三十日內納了. 其輸本州者, 十二月三十日內納畢. 若無粟之鄕, 輸稻麥,
隨熟卽輸, 不拘此限. 卽納當州未入倉窖及外配未上道有身死者, 并卻
還. 應貯米處, 折粟一斛, 輸米六斗. 其雜折皆隨土毛, 准當鄕時價. 諸
邊遠州有夷獠雜類之所, 應輸課役者, 隨事斟量, 不必同之華夏. 諸任官

應免課役者, 皆待鐲符至, 然後注免. 符雖未至, 驗告身灼然實者, 亦免. 其雜任被解應附者, 皆依本司解時日月據徵. 諸春季附者課役並徵, 夏季附者免課從役, 秋季附者俱免. 其詐冒隱避以免課役, 不限附之早晚, 皆徵發當年課役. 逃亡者附亦同之. 諸人居狹鄉樂遷就寬鄉者, 去本居千里外復三年, 五百里外復二年, 三百里外復一年. 一遷之後, 不得更移. 諸沒落外蕃得還者, 一年以上復三年, 二年以上復四年, 三年以上復五年. 外蕃之人投化者復十年. 諸部曲、奴婢放附戶貫復三年. 諸孝子、順孫、義夫、節婦志行聞於鄉閭者, 申尙書省奏聞, 表其門閭, 同籍悉免課役. 諸丁匠歲役工二十日, 有閏之年加二日. 須留役者, 滿十五日免調, 三十日租調俱免, 從日少者見役日折免. 通正役並不過五十日. 正役謂二十日庸也.

- 출전: 杜佑,『通典』권6, 食貨, 賦稅下, 北京, 中華書局, 1988, 107-110쪽.

4. 참고문헌

仁井田陞,『唐令拾遺』, 東京, 東京大學出版會, 1964; 池田溫 주편,『唐令拾遺補』, 東京, 東京大學出版會, 1997.
天一閣博物館‧中國社會科學院歷史研究所天聖令整理課題組 校證,『天一閣藏明鈔本天聖令校證 附唐令復原研究』, 北京, 中華書局, 2006(전2책).
김택민‧하원수 주편,『천성령 역주』, 서울, 혜안, 2013.
高明士 주편,『天聖令譯註』, 臺北, 元照, 2017.

1. 제목

양세법의 시행과 그 의미

2. 해제

會要는 특정 왕조나 시기의 典章制度에 관한 문헌인데, 주제별로 당시 문헌을 정리해 두어 역사 연구에 매우 유용한 史書이다. 이러한 형식의 서적은 唐 德宗 貞元 연간(785~805)에 처음 만들어졌다. 이를 바탕으로 한 현존 『唐會要』는 당 宣宗 大中 7년(853)에 보충되고, 宋太祖 建隆 2년(981) 王溥(922~982)가 최종적으로 완성한 것이다.

이 사료는 安史의 난(755~763) 이후 국가체제의 재정비 과정에서 나온 세역제도 곧 양세법이 만들어지는 과정과 그 내용을 잘 보여준다. 이것은 세역의 종류나 부과 방법에서 기존의 조용조 제도와 현격히 다르고, 이처럼 새로운 양세법의 징세 원칙은 이후 왕조들에서 기본적으로 계승된다. 8세기 중엽의 이러한 변화가 중국 사회에 큰 영향을 미쳤으며, 이른바 '唐宋變革'이란 중국사의 획기적 변화도 이와 밀접한 관계를 갖는다.

3. 사료

建中元年正月五日敕文: "宜委黜陟使與觀察使及刺史、轉運所由, 計百姓及客戶, 約丁産, 定等第, 均率作年支兩稅. 如當處土風不便, 更立一

限. 其比來徵科色目, 一切停罷." 至二月十一日起請條: "請令黜陟、觀察使及州縣長官, 據舊徵稅數, 及人戶土客, 定等第錢數多少, 爲夏秋兩稅. 其鰥寡惸獨不支濟者, 准制放免. 其丁租庸調, 並入兩稅, 州縣常存丁額, 准式申報. 其應科斛斗, 請據大曆十四年見佃青苗地額均稅. 夏稅六月內納畢, 秋稅十一月內納畢. 其黜陟使每道定稅訖, 具當州府應稅都數及徵納期限, 并支留合送等錢物斛斗, 分析聞奏. 并報度支、金部、倉部、比部." 其月, 大赦天下, 遣黜陟使觀風俗, 仍與觀察使、刺史計人產等級爲兩稅法. 此外斂者, 以枉法論.

其年八月, 宰相楊炎上疏奏曰: "國家初定令式, 有租賦庸調之法. 至開元中, 玄宗修道德, 以寬仁爲治本, 故不爲版籍之書, 人戶寢溢, 隄防不禁. 丁口轉死, 非舊名矣; 田畝移換, 非舊額矣; 貧富升降, 非舊第矣. 戶部徒以空文總其故書, 蓋非得當時之實. 舊制, 人丁戍邊者, 蠲其租庸, 六歲免歸. 玄宗方事夷狄, 戍者多死不返, 邊將怙寵而諱敗, 不以死申, 故其貫籍之名不除. 至天寶中, 王鉷爲戶口使, 方務聚斂, 以丁籍且存, 則丁身焉往, 是隱課而不出耳. 遂按舊籍, 計除六年之外, 積徵其家三十年租庸. 天下之人, 苦而無告, 則租庸之法弊久矣. 迨至德之後, 天下兵起, 始以兵役, 因之飢癘, 徵求運輸, 百役並作, 人戶凋耗, 版圖空虛. 軍國之用, 仰給于度支、轉運二使; 四方大鎮, 又自給於節度、團練使. 賦斂之司, 增數而莫相統攝. 於是綱目大壞, 朝廷不能覆諸使, 諸使不能覆諸州. 四方貢獻, 悉入內庫. 權臣猾吏, 緣以爲奸, 或公託進獻, 私爲贓盜者, 動以萬計. 有重兵處, 皆厚自奉養, 正賦所入無幾. 吏之職名, 隨人署置; 俸給厚薄, 由其增損. 故科斂之名凡數百, 廢者不削, 重者不去, 新舊仍積, 不知其涯. 百姓受命而供之, 旬輸月送, 無有休息. 吏因其苛, 蠶食於人. 凡富

人多丁, 率爲官爲僧, 以色役免;. 貧人無所入則丁存, 故課免於上而賦增于下. 是以天下殘瘁, 蕩爲浮人, 鄕居地著者百不四五, 如是者迨三十年."

炎遂請作兩稅法, 以一其名, 曰: "凡百役之費, 一錢之斂, 先度其數而賦於人, 量出以制入. 戶無土客, 以見居爲簿; 人無丁中, 以貧富爲差. 不居處而行商者, 在所州縣稅三十之一, 度所取與居者均, 使無僥倖. 居人之稅, 秋夏兩徵之, 俗有不便者正之. 其租庸雜徭悉省, 而丁額不廢, 申報出入如舊式. 其田畝之稅, 率以大曆十四年墾田之數爲准而均徵之. 夏稅無過六月, 秋稅無過十一月. 逾歲之後, 有戶增而稅減輕, 及人散而失均者, 進退長吏, 而以度支總統之." 德宗善而行之.

  * 標點 집필자 일부 수정

● 출전: 王溥 등, 『唐會要』 권83, 租稅上, 上海, 上海古籍出版社, 1991, 1819-1820쪽.

4. 참고문헌

김영제, 『당송재정사』, 서울, 신서원, 2005.

李錦繡, 『唐代財政史稿』, 北京, 社會科學文獻出版社, 2007(전5책).

船越泰次, 『唐代兩稅法研究』, 東京, 汲古書院, 1996.

‘道’에 대한 인식

●
●
●

1. 제목

駢儷文으로 쓴 ‘文’과 ‘道’의 관계

2. 해제

『文心雕龍』은 劉勰(465경~520경)이 南齊 말에 쓴 중국의 대표적인 문학 이론서로서 총 10권에 50편의 글로 이루어져 있다. 하지만 그 내용은 문학 창작 · 감상 · 장르나 문예 이론 등과 관련된 것일 뿐더러 저자의 행적도 『문심조룡』의 편찬 외에 특기할 만한 것이 없다. 따라서 이 책은 역사학계에서 별로 주목하지 않았다. 그러나 유협이 살았던 南朝 宋~梁 시기 문학의 융성을 생각하면, 이 책을 통해 당시의 독특한 사회적 분위기를 실감할 수도 있다.

이 사료는 『문심조룡』의 첫 편인데, 文과 道의 관계를 전형적인 변려문으로 논하고 있다. 그런데 이와 유사한 주제의 문장으로 漢代에 나온 『淮南子』의 「原道訓」, 唐代 韓愈(768~824)의 「原道」도 존재한다. 그러므로 이러한 글들의 내용은 물론 그 서술 형식까지 면밀히 비교함으로써 각 시대가 갖는 역사적 특성에 접근해 봄직하다.

3. 사료

原道 第一

文之爲德也大矣, 與天地並生者, 何哉? 夫玄黃色雜, 方圓體分, 日月疊璧, 以垂麗天之象; 山川煥綺, 以鋪理地之形, 此蓋道之文也. 仰觀吐曜, 俯察含章, 高卑定位, 故兩儀旣生矣; 惟人參之, 性靈所鍾, 是謂三才. 爲五行之秀, 實天地之心. 心生而言立, 言立而文明, 自然之道也. 傍及萬品, 動植皆文, 龍鳳以藻繪呈瑞, 虎豹以炳蔚凝姿; 雲霞雕色, 有踰畫工之妙; 草木賁華, 無待錦匠之奇. 夫豈外飾, 蓋自然耳. 至如林籟結響, 調如竽瑟; 泉石激韻, 和若球鍠. 故形立則章成矣, 聲發則文生矣. 夫以無識之物, 鬱然有彩; 有心之器, 其無文歟! 人文之元, 肇自太極, 幽讚神明, 『易』象惟先. 庖犧畫其始, 仲尼翼其終. 而乾坤兩位, 獨制「文言」. 言之文也, 天地之心哉! 若迺「河圖」孕乎八卦, 「洛書」韞乎九疇, 玉版金鏤之實, 丹文綠牒之華, 誰其尸之? 亦神理而已. 自鳥跡代繩, 文字始炳, 炎皞遺事, 紀在『三墳』, 而年世渺邈, 聲采靡追. 唐虞文章, 則煥乎始盛. 元首載歌, 旣發吟咏之志; 益稷陳謨, 亦垂敷奏之風. 夏后氏興, 業峻鴻績, 九序惟歌, 勳德彌縟. 逮及商周, 文勝其質, 「雅」「頌」所被, 英華日新. 文王患憂, 繇辭炳曜, 符采複隱, 精義堅深. 重以公旦多材, 㣺其徽烈, 制『詩』緝「頌」, 斧藻羣言. 至夫子繼聖, 獨秀前哲, 鎔鈞六經, 必金聲而玉振; 雕琢情性, 組織辭令, 木鐸起而千里應, 席珍流而萬世響, 寫天地之輝光, 曉生民之耳目矣. 爰自風姓, 暨於孔氏, 玄聖創典, 素王述訓, 莫不原道心以敷章, 研神理而設敎, 取象乎「河」「洛」, 問數乎蓍龜, 觀天文以極變, 察人文以成化; 然後能經緯區宇, 彌綸彝憲, 發揮事業, 彪炳辭義. 故知道沿聖以垂文, 聖因文而明道, 旁通而無滯, 日用而不匱. 『易』曰: "鼓天下之動者

存乎辭." 辭之所以能鼓天下者, 迺道之文也.

贊曰: 道心惟微, 神理設敎. 光采玄聖, 炳燿仁孝. 龍圖獻體, 龜書呈貌.
天文斯觀, 民胥以傚.

- 출전: 劉勰, 詹鍈 의증,『文心雕龍義證』권1,「原道」, 上海,
  上海古籍出版社, 1989, 1-30쪽.

4. 참고문헌

최동호 역편,『문심조룡』, 서울, 민음사, 1994.
周振甫 今譯, 김관웅 등 韓譯,『문심조룡』, 延邊, 延邊人民出版社, 2007(전2책).
戶田浩曉,『文心雕龍』, 東京, 明治書院, 1974·1978(전2책).

· · ·

1. 제목

古文 속의 '道'에 대한 새로운 인식

2. 해제

韓愈(768~824)는 駢儷文이 유행하던 唐後期에 古文의 부흥을 주창하였는데, 이는 단순한 문체 개혁론이 아니었다. 그는 고문을 이용해 자신의 독자적 사상을 명료하게 또 적극적으로 표현하려 했던 것이다. 실제로 한유의 문집에는 이러한 형식이나 내용의 특징을 가진 글들이 다수 실려 있고, 이것이 '宋學' 혹은 '新儒學'으로 일컬어지는 새로운 학풍과 시대적 분위기의 선도 역할을 하였다고 평가된다. 이 사료는 이와 같은 한유의 역사적 의의를 잘 보여준다. 이와 유사한 주제의 문장들이 일찍부터 존재하지만, 그는 당시 유행하던 불교와 도교를 극력 비판하면서 孟子(기원전 372경~289) 이후 끊긴 仁·義에 기초한 道를 강조하여 매우 특이하기 때문이다. 전형적인 고문으로 쓰인 이 글이 훗날 四書로 중시된 책들을 자주 논거로 삼고 있다는 점 또한 주목할 필요가 있다.

3. 사료

原道

博愛之謂仁, 行而宜之之謂義; 由是而之焉之謂道, 足乎己, 無待於外之

謂德. 仁與義, 爲定名; 道與德, 爲虛位: 故道有君子小人, 而德有凶有吉.
老子之小仁義, 非毀之也, 其見者小也. 坐井而觀天, 曰天小者, 非天小
也; 彼以煦煦爲仁, 孑孑爲義, 其小之也則宜. 其所謂道, 道其所道, 非吾
所謂道也; 其所爲德, 德其所德. 非吾所謂德也. 凡吾所謂道德云者, 合
仁與義言之也, 天下之公言也; 老子之所謂道德云者, 去仁與義言之也,
一人之私言也. 周道衰, 孔子沒, 火于秦, 黃老于漢, 佛于晉、魏、梁、隋
之間, 其言道德仁義者, 不入于楊, 則入于墨; 不入于老, 則入于佛. 入于
彼, 必出于此. 入者主之, 出者奴之; 入者附之, 出者汙之. 噫! 後之人其
欲聞仁義道德之說, 孰從而聽之? 老者曰: 孔子, 吾師之弟子也. 佛者曰:
孔子, 吾師之弟子也. 爲孔子者, 習聞其說, 樂其誕而自小也, 亦曰: 吾師
亦嘗師之云爾. 不惟擧之於其口, 而又筆之於其書. 噫! 後之人雖欲聞仁
義道德之說, 其孰從而求之? 甚矣! 人之好怪也! 不求其端, 不訊其末, 惟
怪之欲聞.

古之爲民者四, 今之爲民者六; 古之敎者處其一, 今之敎者處其三. 農之
家一, 而食粟之家六; 工之家一, 而用器之家六; 賈之家一, 而資焉之家
六; 奈之何民不窮且盜也! 古之時, 人之害多矣. 有聖人者立, 然後敎之
以相生養之道. 爲之君, 爲之師, 驅其蟲蛇禽獸而處之中土. 寒, 然後爲
之衣, 飢, 然後爲之食; 木處而顚, 土處而病也, 然後爲之宮室. 爲之工,
以贍其器用; 爲之賈, 以通其有無; 爲之醫藥, 以濟其夭死; 爲之葬埋祭
祀, 以長其恩愛; 爲之禮, 以次其先後; 爲之樂, 以宣其壹鬱; 爲之政, 以
率其怠勌; 爲之刑, 以鋤其强梗. 相欺也, 爲之符璽、斗斛、權衡以信之;
相奪也, 爲之城郭、甲兵以守之. 害至而爲之備, 患生而爲之防. 今其言
曰: "聖人不死, 大盜不止; 剖斗折衡, 而民不爭." 嗚呼! 其亦不思而已矣!

如古之無聖人, 人之類滅久矣. 何也? 無羽毛鱗介以居寒熱也, 無爪牙以爭食也. 是故: 君者, 出令者也; 臣者, 行君之令而致之民者也; 民者, 出粟米麻絲, 作器皿、通貨財, 以事其上者也. 君不出令, 則失其所以爲君; 臣不行君之令而致之民, 民不出粟米麻絲, 作器皿、通貨財, 以事其上, 則誅. 今其法曰: 必棄而君臣, 去而父子, 禁而相生養之道, 以求其所謂淸靜寂滅者; 嗚呼! 其亦幸而出於三代之後, 不見黜於禹湯文武周公孔子也; 其亦不幸而不出於三代之前, 不見正於禹湯文武周公孔子也.

帝之與王, 其號名殊, 其所以爲聖一也. 夏葛而冬裘, 渴飮而飢食, 其事殊, 其所以爲智一也. 今其言曰: 曷不爲太古之無事? 是亦責冬之裘者曰: 曷不爲葛之之易也? 責飢之食者曰: 曷不爲飮之之易也? 傳曰: "古之欲明明德於天下者, 先治其國; 欲治其國者, 先齊其家; 欲齊其家者, 先修其身; 欲修其身者, 先正其心; 欲正其心者, 先誠其意." 然則, 古之所謂正心而誠意者, 將以有爲也. 今也欲治其心, 而外天下國家, 滅其天常; 子焉而不父其父, 臣焉而不君其君, 民焉而不事其事. 孔子之作『春秋』也, 諸侯用夷禮, 則夷之; 進於中國, 則中國之. 經曰: "夷狄之有君, 不如諸夏之亡." 『詩』曰: "戎狄是膺, 荊舒是懲." 今也, 擧夷狄之法, 而加之先王之敎之上, 幾何其不胥而爲夷也!

夫所謂先王之敎者, 何也? 博愛之謂仁; 行而宜之之謂義; 由是而之焉之謂道; 足乎己, 無待於外之謂德. 其文『詩』『書』『易』『春秋』, 其法禮樂刑政, 其民士農工賈, 其位君臣、父子、師友、賓主、昆弟、夫婦, 其服麻絲, 其居宮室, 其食粟米果蔬魚肉: 其爲道易明, 而其爲敎易行也. 是故以之爲己, 則順而祥; 以之爲人, 則愛而公; 以之爲心, 則和而平; 以之爲天下國家, 無所處而不當. 是故生則得其情, 死則盡其常, 郊焉而天神假,

廟焉而人鬼饗. 曰: 斯道也, 何道也? 曰: 斯吾所謂道也, 非向所謂老與佛
之道也. 堯以是傳之舜, 舜以是傳之禹, 禹以是傳之湯, 湯以是傳之文武
周公, 文武周公傳之孔子, 孔子傳之孟軻, 軻之死, 不得其傳焉. 荀與揚
也, 擇焉而不精, 語焉而不詳. 由周公而上, 上而爲君, 故其事行; 由周公
而下, 下而爲臣, 故其說長.

然則, 如之何而可也? 曰: 不塞不流, 不止不行. 人其人, 火其書, 廬其居,
明先王之道以道之, 鰥寡孤獨廢疾者有養也. 其亦庶乎其可也."

- 출전: 韓愈, 馬其昶 교주,『韓昌黎文集校注』권1,「原道」, 上海,
上海古籍出版社, 1986, 12-19쪽.

4. 참고문헌

이종한 역,『한유산문역주』, 서울, 소명출판, 2012(전5책).

張君勱, 김용섭 등 역,『한유에서 주희까지』, 서울, 형설출판사, 1991.

趙冬父, 이주해 역,『당송고문운동』, 서울, 학고방, 2009.

Bol, P. K., 심의용 역,『중국 지식인들과 정체성』, 서울, 북스토리, 2008.

원말의 농민봉기와 명왕조의 사회안정정책

●
●
●

1. 제목

원말의 혼란과 농민봉기[紅巾軍起義]의 전개

2. 해제

『明史』는 중국 정사(24사 또는 25사) 중 가장 오랜 편찬 시간이 걸린 기전체 사서다(최소 60년 최장 94년). 따라서 편찬에 참여한 인원도 많았다. 淸朝는 입관한 직후인 順治2년(1645) 4월, 明史館을 개설하고 대학사 馮銓(1596~1672) 등을 총재로 삼았으며, 5월 부총재와 纂修官, 담당관 등 53인을 선발하여 『명사』 편찬의 서막을 열었다. 그러나 여러 가지 정치적 사정으로 명사의 편찬은 지지부진하였다. 康熙18년(1679)에 이르러, 徐元文(1634~1691)을 감수로 하여 『명사』를 본격적으로 찬수하기 시작하였다. 즉 강희제는 1679년 3월 博學鴻儒科 응모자 중에서 일등 20인, 이등 32인을 뽑아, 이들에게 『명사』를 찬수케 하였다. 당시 저명학자 朱彝尊(1629~1709), 毛奇齡(1623~1716) 등이 참여하였는데, 명사편찬에 가장 많은 공헌을 한 사람은 청초의 저명한 사가 萬斯同(1638~1702)이었다. 그는 19년 동안 명사관 총재의 고문으로서, 313권, 416권에 달하는 두 종의 『明史稿』를 편찬하였다. 만사동 사후 명사 총재관 王鴻緖(1645~1723)는 만사동의 『명사고』를 개편하여 강희말년과 雍正초년에 두 차례 황제에게 진상하였다. 이것이 곧 『王氏명사고』다. 乾隆4년(1739), 청조는 여러 학자를 동원하여 『왕씨명사고』를 토대로 『명사』를 완성시켰다. 이때의 총재는 張廷玉(1672~1755)으로, 현재 통용되는 명사의 저자다. 그는 청대 최고의 관직인 군기대신에 올랐으며 『聖祖實錄』과 『세종실록』 편찬의 책임도 맡았다. 아울러 『淸會典』의 편찬에도 참여했다. 시호는 文和로 청대 태묘에 배향되는 유일한 한인이라는 명예를 얻었다.

청조가 입관 후 바로 명사 편찬을 선포한 것은 정치적 목적 때문이었다. 첫째, 명조의 멸망을 선고하여 당시 청조와 대항하고 있던 남명정권의 존재를 인정하지 않는 것이었고, 둘째, 『명사』 편찬을 통해 투항한 명조 한족 관원으로 하여금 청조에 의탁하게 하려는 것이었다. 그러나 명말 3遺老로 불리며 끝까지 반청적 입장을 견지한 黃宗羲(1610~1695)의 아들과 제자 만사동, 顧炎武(1613~1682)의 생질도 명사 편찬에 참여하였으며, 거의 1세기에 걸치는 편찬과정 속에 청조 지배의 정당성 확보라는 목적이 반드시 성공적으로 달성되었다고 보기는 어려울 것이다. 반면 오랜 세월 여러 차례 수정을 거쳐 완성되었으므로 청대 역사가인 趙翼(1727~1814)의 표현처럼 "근래의 역사서 중에서 명사처럼 완벽한 것은 없었다."는 평가가 나올 수 있었다. 『명사』 권122 「韓林兒 劉福通」 부분은 원말 1351년 발발하여 전국적으로 전개된 백련교 민중봉기〔紅巾軍봉기〕의 전모를 개괄하고 있다. 특히 훗날 명을 건립하는 朱元璋(1328~1398)도 백련교의 일파인 郭子興(1302~1355) 휘하에 가담하였으므로 원말의 홍건군 봉기는 명조의 건립과 직결되고 있다.

3. 사료

韓林兒, …… 其先世以白蓮會燒香惑衆, 謫徙永年. 元末, 林兒父山童鼓妖言, 謂「天下當大亂, 彌勒佛下生」. 河南·江·淮間愚民多信之. 潁州人劉福通與其黨杜遵道·羅文素·盛文郁等復言「山童, 宋徽宗八世孫, 當主中國」. 乃殺白馬黑牛, 誓告天地, 謀起兵, 以紅巾爲號. 至正十一年五月, 事覺, 福通等遽入潁州反, 而山童爲吏所捕誅. 林兒與母楊氏逃武安山中. 福通據朱皋, 破羅山·上蔡·眞陽·確山, 犯葉·舞陽, 陷汝寧·光·息, 衆至十餘萬, 元兵不能禦. 時徐壽輝等起蘄·黃, 布王三·孟海馬等起湘·漢, 芝蔴李起豐·沛, 而郭子興亦據濠應之. 時皆謂之「紅軍」, 亦稱「香軍」. 十五年二月, 福通物色林兒, 得諸碭山夾河; 迎至亳, 僭稱皇帝, 又號小明王, 建國曰宋, 建元龍鳳. 拆鹿邑太清宮材, 治宮闕於亳. 尊楊氏爲皇太后, 遵道·文郁爲丞相, 福通·文素平章政事, 劉六知樞密院事. …… 旣而元師大敗福通於太康, 進圍亳, 福通挾林兒走安豐. 未幾, 兵復盛, 遣其黨分道略地. 十七年, 李武·崔德陷商州, 遂破武關以圖關中, 而毛貴陷膠·萊·益都·濱州, 山東郡邑多下. 是年六月, 福通帥衆攻汴梁, 且分軍三道: 關先生·破頭潘·馮長舅·沙劉二·王士誠趨晉·冀; 白不信·大刀敖·李喜喜趨關中; 毛貴出山東北犯. 勢銳甚. 田豐者, 元鎭守黃河義兵萬戶也, 叛附福通, 陷濟寧, 尋敗走. …… 十八年, 田豐復陷東平·濟寧·東昌·益都·廣平·順德. 毛貴亦數敗元兵, 陷淸·滄, 據長蘆鎭, 尋陷濟南; 益引兵北, 殺宣慰使董搏霄於南皮, 陷薊州, 犯漷州, 略柳林以逼大

都. 順帝徵四方兵入衛, 議欲遷都避其鋒, 大臣諫乃止. …… 關先生·破
頭潘等 …… 攻保定不克, 陷完州, 掠大同·興和塞外諸郡, 至陷上都, 毀
諸宮殿, 轉掠遼陽, 抵高麗. 十九年陷遼陽, 殺懿州路總管呂震. 順帝以
上都宮闕盡廢, 自此不復北巡. …… 是時承平久, 州郡皆無守備. 長吏聞
賊來, 輒棄城遁, 以故所至無不摧破. 然林兒本起盜賊, 無大志, 又聽命福
通, 徒擁虛名. 諸將在外者率不遵約束, 所過焚劫, 至啖老弱爲糧, 且皆福
通故等夷, 福通亦不能制. 兵雖盛, 威令不行. 數攻下城邑, 元兵亦數從
其後復之, 不能守. 惟毛貴稍有智略. 其破濟南也, 立賓興院, 選用元故
官姬宗周等分守諸路. 又於萊州立屯田三百六十所, 每屯相距三十里, 造
輓運大車百輛, 凡官民田十取其二. 多所規畫, 故得據山東者三年. 及察
罕帖木兒數破賊, 盡復關·隴, 是年五月大發秦·晉之師會汴城下, 屯杏
花營, 諸軍環城而壘. 林兒兵出戰輒敗, 嬰城守百餘日, 食將盡. 福通計
無所出, 挾林兒從百騎開東門遁還安豐, 後宮官屬子女及符璽印章寶貨盡
沒於察罕. 時毛貴已爲其黨趙均用所殺, 有續繼祖者, 又殺均用, 所部自
相攻擊. 獨田豐據東平, 勢稍強. 二十年, 關先生等陷大寧, 復犯上都.
…… 福通嘗責李武·崔德逗撓, 將罪之. 二十一年夏, 兩人叛去, 降於李
思齊. 時李喜喜·關先生等東西轉戰, 已多走死, 餘黨自高麗還寇上都,
孛羅復擊降之. 而察罕既取汴梁, 遂遣子擴廓討東平, 脅降田豐·王士誠,
乘勝定山東. 惟陳猱頭者, 獨守益都不下, 與福通遙爲聲援. 二十二年六
月, 豐·士誠乘間刺殺察罕, 入益都. 元以兵柄付擴廓, 圍城數重, 猱頭等
告急. 福通自安豐引兵赴援, 遇元師於火星埠, 大敗走還. 元兵急攻益都,
穴地道以入, 殺豐·士誠, 而械送猱頭於京師, 林兒勢大窘. 明年, 張士誠
將呂珍圍安豐, 林兒告急於太祖. 太祖曰:「安豐破則士誠益強.」遂親帥

師往救, 而珍已入城殺福通. 太祖擊走珍, 以林兒歸, 居之滁州. 明年, 太祖爲吳王. 又二年, 林兒卒. 或曰太祖命廖永忠迎林兒歸應天, 至瓜步, 覆舟沉於江云.

初, 太祖駐和陽, 郭子興卒, 林兒牒子興子天敍爲都元帥, 張天祐爲右副元帥, 太祖爲左副元帥. 時太祖以孤軍保一城, 而林兒稱宋後, 四方響應, 遂用其年號以令軍中. 林兒歿, 始以明年爲吳元年. 其年, 遣大將軍定中原, 順帝北走, 距林兒亡僅歲餘. 林兒僭號凡十二年.

贊曰: 元之末季, 羣雄蜂起. 子興據有濠州, 地偏勢弱. 然有明基業, 實肇於滁陽一旅. 子興之封王祀廟, 食報久長, 良有以也. 林兒橫據中原, 縱兵蹂躪, 蔽遮江·淮十有餘年. 太祖得以從容締造者, 藉其力焉. 帝王之興, 必有先驅者資之以成其業, 夫豈偶然哉.

- 출전:『明史』卷122,「列傳第十: 韓林兒 劉福通」, 北京, 中華書局, 1974, 3681-3685쪽.

4. 참고문헌

吳晗,『朱元璋傳』, 北京, 三聯書店, 1949(1979년 수정본 : 오함 지음, 박원호 옮김,『주원장전』, 서울, 지식산업사, 2003).

相田洋,「元末の反亂とその背景」,『歷史學研究』361, 1970.

山根幸夫,「元末の反亂と明朝支配の確立」,『岩波講座 世界歷史』12, 東京, 岩波書店, 1971.

吳金成,「元末 동란기의 향촌지배층과 무장봉기집단」,『역사의 再照明』(2), 翰林科學院, 小花, 1997.

•••

1. 제목

명 왕조의 성립과 사회 안정 정책

2. 해제

『明實錄』은 명대 각 황제시기를 단위로 관에서 편찬한 편년체 사서다. 명 태조 朱元璋(재위 1368~1398)으로부터 명 熹宗 朱由校(재위 1620~1627)까지 모두 15대 황제, 약 260년의 역사를 기록하였다. 洪武朝에서 시작하여, 天啓朝로 끝나는데, 명대사를 연구하는 기초 사료의 하나이다. 『명실록』은 모두 13부, 2,911권(또는 3,058권), 1,600여 만자이다. 명대 사료의 집대성이라 할만하다. 이 사료집을 편찬하기 위해 조정의 여러 관서에서 제출한 上奏, 批文 등을 근본으로 하고 여기에 각 성에 파견한 관원이 수집한 先朝 사적을 보충자료로 삼아 각 황제의 조칙, 율령을 편년식으로 기록하였고, 아울러 정치·경제·문화 등 대사를 서술하였다.

『명실록』의 첫 번째인 『태조고황제실록』은 257권이다. 홍건기의가 발발한 至正 11년(1351)으로부터 시작하여 주원장이 사망한 홍무 31년(1398)까지 모두 48년간을 다루었다. 태조실록은 모두 세 차례 편찬·수정되었다. 첫 번째는 建文 원년(1399)인데, 총재는 董倫(1323~1403), 王景彰 등이다. 두 번째 수정은 永樂 초(1403)로, 감수는 李景隆 등이고, 총재는 解縉(1369~1415)이다. 세 번째 수정은 영락 9년

(1411)에 시작되었는데, 姚廣孝(1335~1418) 등이 감수관이었고, 胡廣
(1370~1418), 楊榮(1372~1440) 등이 총재관으로, 영락 16년(1418) 5월
완성되었다. 영락제 시기 두 차례나 태조실록을 중수하여, 명 태조
의 과오와 건문제 遺臣의 成祖 영락제에 대한 비판을 삭제하고, 영
락제의 "靖難"의 업적을 찬양함으로써 천하 후세에 변명을 도모하였
다. 다만 두 번씩이나 삭제 수정하여, 『태조실록』에서 서술된 48년
간의 역사를 단지 257권으로 줄여 버렸다. 이는 1572년에서 1619년
까지 48년간의 역사를 기록한 『신종실록』이 596권, 1464년부터
1487년까지 24년간의 사실을 기록한 『헌종실록』이 293권인 사실과
비교해 보면 분명히 알 수 있다. 아래 제시한 홍무 5년 기사는 명조
성립 이후의 명조 지배체제 전반에 대한 내용을 담고 있다. 예컨대,
일시적 노비의 양민으로의 환원, 일반인의 환관 사용 금지, 생계곤란
자의 부양대책, 장유유서의 사회 재건, 지주전호제의 중건, 검약한
결혼·장례풍속 진작, 미신적 풍속의 교정, 건전한 종교활동 장려,
의복풍속의 건전화 등 구체적인 방향을 제시하고 있다. 원말의 민중
반란시대를 마감하고 지배체제를 재구축한 명조가 어떠한 사회를 지
향하고 있었는지 잘 보여준다.

3. 사료

〔洪武五年五月〕是月, 詔天下曰, 朕聞三皇立極, 導民以時, 庖廚稼穡, 衣
服始制, 民居舍焉. 五帝之教以仁信, 不過遵三皇之良規, 盖未備之時 盖
未備之時:嘉本及皇明詔制盖作益.宜, 當時之君, 示其所以, 天下從之. 自周至
漢唐宋, 亦因時損益, 國乃昌, 民乃安. 朕蒙皇天后土之恩命, 統天下祖宗

之靈, 百神護佑, 得正帝位, 已五年于茲. 朕本布衣, 失習聖書, 況摧强撫
順, 二十有一年 二十有一年: 詔制無一字., 常無寧居. 紀綱粗立, 故道未臻,
民不見化, 市鄉里閭尚循元俗. 天下大定, 禮義風俗, 可不正乎. 茲有所
示, 諭爾臣民. 曩者兵亂, 人民流散, 因而爲人奴隸者, 卽日放還, 士庶之
家, 毋收養閹豎, 其功臣不在此例. 古者隣保相助, 患難相救. 今州縣城
市鄉村, 或有凍餒不能自存者, 令里中富室, 假貸錢穀, 以資養之. 工商農
業, 皆聽其故 皆聽其故: 嘉本故作便., 俟有餘贍, 然後償還. 孤寡殘疾不能生
理者, 官爲養贍, 毋致失所. 其有疾愈願占籍爲民者, 聽. 鄉黨論齒, 從古
所尙. 凡平居相見揖拜之禮, 幼者先施. 歲時燕會, 坐次之列, 長者居上.
佃見田主 佃見田主: 嘉本詔制佃下有戶字., 不論齒序, 並如少事長之禮, 若在
親屬, 不拘主佃, 則以親屬之禮行之. 鄉飮之禮, 所以明長幼厚風俗, 今廢
缺已久, 宜令中書詳定儀式頒布遵守. 婚姻古之所重, 近代以來狃於習俗,
專論聘財, 有違典禮. 喪事以哀爲本, 葬祭之具, 稱家有無, 今富者奢侈,
貧者假貸, 務崇眩耀. 又有惑於陰陽, 停柩經年, 以至暴露, 宜令中書集
議, 頒示天下. 四方旣定, 流民各歸田里. 其間有丁少田多者, 不許仍前
占據他人之業. 若有丁衆田少者, 許於附近荒田內, 官爲驗其丁力, 給與
耕種. 中國衣冠壞於胡俗, 已嘗考定品官·命婦冠服及士庶人衣巾·婦女
服飾, 行之中外. 惟民間婦女, 首飾衣服 首飾衣服: 抱本作衣服首飾, 詔制與館
本同. 尙循舊習, 宜令中書頒示定制, 務復古典. 僧道之教, 以淸淨無爲爲
本. 往往齋薦之際, 男女溷雜, 飮酒食肉自恣. 已令有司嚴加禁約. 福建
兩廣等處豪强之家, 多以他人子閹割役使, 名曰火者, 今後有犯者, 以閹
罪抵之, 沒官爲奴. 於戲, 用夏變夷, 風俗之所由, 厚哀窮賑乏, 仁政之所
當施. 因時制宜, 與民更化, 其臻禮義之風 其臻禮義之風: 廣本抱本中本詔制

其作期, 是也., 永底隆平之治. 咨爾臣庶, 體予至懷.

　* 標點 십빌자

●　출전: 『明太祖高皇帝實錄』 卷七十三 洪武五年(1372年) 五月 二十二日(국사편찬
위원회 명청실록 사이트: http://sillok.history.go.kr/mc/main.do 2019년 10월 9일)

4. 참고문헌

吳晗, 『朱元璋傳』, 北京, 三聯書店, 1949(1979년 수정본: 오함 지음, 박원호 옮
　　김, 『주원장전』, 서울, 지식산업사, 2003).

王崇武, 「論明太祖起兵及其政策之轉變」, 『歷史語言研究所集刊』 10, 1948.

三木聰, 「明淸時代の地域社會と法秩序」, 『歷史評論』 580, 1998.

趙克生, 「國家禮制的地方回應:明代鄕射禮的嬗變與興廢」, 『求是學刊』 제34권 제
　　6기, 2007.

Mote, Frederick W., and Twitchett, Denis, eds., *The Cambridge History
　　of China, Volume 7: The Ming Dynasty, 1368-1644, Part 1*,
　　Cambridge: Cambridge University Press, 1988.

명청시기 華夷思想의 변용

•
•
•

1. 제목

명태조 주원장의 북벌 격문에 나타난 화이사상(한족 우월주의)

2. 해제

『명실록』과 『태조실록』에 대해서는 앞 주제(명왕조의 성립과 사회안정 정책)에서 개략적 설명이 있었으므로 여기서는 실록의 편찬과정을 조금 더 상세히 설명하고 아울러 북벌격문의 작자에 대한 논란을 언급하겠다. 명대 실록의 편찬 체제는 후계 황제가 등극한 후 갖추어지는데 흠정 감수, 正副총재 및 찬수관이 선정되어 앞 황제 시대의 『실록』을 편찬하였다. 역대 조정에서는 기구(청대에는 實錄館)를 설치하여 실록을 편찬하였는데, 모두 전문적 실록편찬 담당자(監修, 正副總裁 및 纂修)를 두었다. 예부는 중앙과 지방의 관서에 자문을 보내 사료를 채집하고, 아울러 관리, 국자생 등을 파견하여 각지에 가서 이전 황제 시대의 사적을 탐색하고 그 결과를 史館에 공문서와 함께 보냈다. 예컨대 상행문서, 하행문서의 당안(하행문서에는 詔, 誥, 制, 敕, 冊文, 諭, 書, 符, 令, 檄 등이 있고, 상행문서에는 題, 奏啓, 表箋, 講章, 書狀, 文冊, 揭

帖, 會議, 露布, 譯 등)이 공문서의 주요 형태이다. 실록이 정식으로 완성된 후 첫 권에는 황제가 지은 서문을 배치하고 실록 表를 올리며, 찬수관 성명과 찬수 범례 등을 기록한다. 정·부의 두 본을 정서하여 정본은 궁중 內府에 보관하고 부본은 내각에 보관한다.

여기서 제시한 주원장의 북벌 격문은 『태조실록』 吳 원년(1367) 10월 23일조에 실려 있다. 주원장이 북벌을 위해 선포한 이 격문은 처음에는 작자와 제목이 없었다. 弘治년간에 程敏政(1446~1499)은 『皇明文衡』을 편집하면서 「諭中原檄」이라고 하는 제목으로 이 격문을 수록했다. 그리고 정민정은 이 격문의 작자를 宋濂(1310~1381)이라 하였다. 이후 명과 청초의 많은 학자들은 「유중원격」의 작자를 송렴으로 인정하였지만, 송렴의 문집에는 이를 수록하지 않았다. 1911년 金華府學教授 孫鏗에 의해 간행된 『宋文憲公全集』에는 처음으로 「유중원격」을 수록했다. 후세의 학자들도 대부분 송렴이 「유중원격」의 작자라고 여겼다. 吳晗(1909~1969), 蕭公權(1897~1981) 등이 그러하다. 그러나 최근 劉浦江(1961~2015)은 「유중원격」이 송렴의 작품이 아니라고 주장한다. 그러한 근거는 송렴이 지정 25년(1365)부터 홍무 원년(1368)까지 고향 금화에 있었기 때문에 지정 27년(1367)에 선포한 「유중원격」을 저술하지 않았다는 것이다. 이 격문은 胡虜의 몽골족이 세운 원나라는 오랑캐〔夷〕에 의해 세워진 것이므로 마땅히 중화의 한족에 의한 새로운 나라로 대체되어야 한다는 것을 천명한 것이다. 앞으로 중화의 예의제도를 회복하겠다는 것을 내외에 천명함으로써 한족 우월주의에 의한 화이질서 수립을 강조하고 있다.

3. 사료

〔吳元年冬十月〕丙寅. 橄諭齊魯河洛燕薊秦晉之人曰: 自古帝王臨御天下, 中國居內以制夷狄, 夷狄居外以奉中國, 未聞以夷狄居中國治天下者也. 自宋祚傾移, 元以北狄入主中國, 四海內外, 罔不臣服, 此豈人力, 實乃天授. 彼時君明臣良, 足以綱維天下, 然達人志士, 尚有冠履倒置之嘆. 自是以後, 元之臣子, 不遵祖訓, 廢壞網常 網常: 舊校改網作綱, 有如大德廢長立幼, 泰定以臣弑君, 天曆以弟酖兄, 至於弟收兄妻, 子烝父妾, 上下相習, 恬不爲怪, 其於父子君臣夫婦長幼之倫, 瀆亂甚矣. 夫人君者, 斯民之宗主, 朝廷者, 天下之本根, 禮義者, 御世之大防. 其所爲如彼, 豈可爲訓於天下後世哉. 及其後嗣沉荒, 失君臣之道, 又加以宰相專權, 憲臺報怨, 有司毒虐, 於是人心離叛, 天下兵起, 使我中國之民, 死者肝腦塗地, 生者骨肉不相保, 雖因人事所致, 實天厭其德而棄之之時也. 古云, 胡虜無百年之運, 驗之今日, 信乎不謬. 當此之時, 天運循環, 中原氣盛, 億兆之中, 當降生聖人, 驅逐胡虜, 恢復中華, 立綱陳紀, 救濟斯民. 今一紀於玆, 未聞有濟世安民者, 徒使爾等戰戰兢兢, 處於朝秦暮楚之地, 誠可矜憫. 方今河洛關陝, 雖有數雄, 忘中國祖宗之姓, 反就胡虜禽獸之名, 以爲美稱, 假元號以濟私, 恃有衆以要君, 憑陵跋扈, 遙制朝權, 此河洛之徒也. 或衆少力微, 阻兵據險, 賄誘名爵, 志在養力, 以俟釁隙, 此關陝之人也. 二者其始皆以捕妖人爲名, 乃得兵權, 及妖人旣滅, 兵權已得, 志驕氣盈, 無復尊主庇民之意, 互相吞噬, 反爲生民之巨害, 皆非華夏之主也. 予本淮右布衣, 因天下亂, 爲衆所推, 率師渡江, 居金陵形勢之地, 得長江天塹之險, 今十有三年. 西抵巴蜀, 東連滄海, 南控閩越, 湖湘漢沔, 兩淮徐邳, 皆入版圖, 奄及南方, 盡爲我有. 民稍安, 食稍足, 兵稍精,

控弦執矢, 目視我中原之民, 久無所主, 深用疚心. 予恭天成命, 罔敢自安, 方欲遣兵北逐群虜, 拯生民於塗炭, 復漢官之威儀. 慮民人未知, 反爲我讎, 挈家北走, 陷溺尤深. 故先諭告: 兵至, 民人勿避. 予號令嚴肅, 無秋毫之犯, 歸我者永安於中華, 背我者自竄於塞外. 盖我中國之民, 天必命中國之人以安之, 夷狄何得而治哉. 予恐中土久汙膻腥, 生民擾擾, 故率群雄, 奮力廓清, 志在逐胡虜, 除暴亂, 使民皆得其所, 雪中國之恥, 爾民其體之. 如蒙古色目, 雖非華夏族類, 然同生天地之間, 有能知禮義, 願爲臣民者, 與中夏之人 中夏之民: 廣本夏作華. 撫養無異. 故茲告諭, 想宜知悉.

 * 標點 집필자

 ● 출전: 『明太祖高皇帝實錄』 卷26, 吳元年(1367) 十月二十三日, 1번째기사. (국사편찬위원회 명청실록 사이트: http://sillok.history.go.kr/mc/main.do 2019년 10월 10일)

4. 참고문헌

檀上寬, 『明代海禁=朝貢システムと華夷秩序』, 京都, 京都大學學術出版會, 2013.
傅範維, 「從〈諭中原檄〉的傳鈔看明代華夷正統觀的轉變」, 『明代研究』 22, 2014.
劉浦江, 「元明革命的民族主義想象」, 『正統與華夷 : 中國傳統政治文化研究』, 北京, 中華書局, 2017.
于晨, 「近代 轉換期 淸 對外關係의 연구 - 華夷秩序의 재조정을 중심으로」, 성균관대학교 박사학위논문, 2019.

・ ・ ・

1. 제목

청대 옹정제의 天下一統, 華夷一家 사상

2. 해제

『大義覺迷錄』은 1729년(雍正 7년) 청나라 5대 황제 세종 옹정제(재위 1722~1735)가 친히 편찬한 서적이다. 이 책은 4권으로 되어 있는데, 옹정제의 상유 10여 편, 재판기록과 曾靜(1679~1735)의 공술서 등 47 편, 張熙(?~1735) 등의 구두 진술 2편이 수록되어 있고, 맨 뒤에는 1 만여 자에 달하는 증정의 참회서 「歸仁說」 1편이 붙어 있다. 이 저 술을 편찬하게 된 계기는 증정의 반청역모사건이다. 호남 永興 생원 인 증정은 명말청초 사상가 呂留良(1629~1683)의 서적을 탐독하면서 만주족의 청왕조를 부정하는 사상을 심화시켰다. 여유량 사상의 영 향으로 증정은 한족 위주의 華夷分別論에 기초하여 청조의 전복을 도모하게 된다. 이를 위해 남송시기 민족영웅 악비의 후손인 岳鍾琪 가 川陝總督임을 기화로 그에게 청조를 전복시키고 한족의 국가를 회복시키자고 권유하는 서한을 보냈다. 그러나 악종기의 밀고로 증 정과 제자 장희가 체포되어 역모사건이 발각되었다. 이러한 사건의 근저에 여유량의 화이사상이 있음을 알게 된 옹정제는 한족 중심의 화이사상을 비판하는 이론을 설파한 저술을 작성하게 된다. 옹정제 는 『대의각미록』에서 대일통의 사상과 시대적 배경을 바탕으로 화와 이의 차별성과 가변성을 강조하는 기존의 화이분별론을 부정하고 화와 이의 일체성을 강조하는 "천하일통 화이일가"라는 화이론을 제시하였다. 첫째, 옹정제는 이론적으로 夷가 중국을 지배하는 것이 정당할 수 있음을 설명했다. 옹정제는 이의 존재를 부정하지 않고, 화와 이의 지역적 차이보다는 德의 유무야말로 중국 지배의 결정적인 조건이라고 보았다. 둘째, 옹정제는 오륜의 유무가 인간과 금수를 구분할 수 있는 표준으로 간주하였다. 이러한 견해는 실제적으로 기존의 이=금수의 견해를 부정하였기 때문에 화와 이에 모두 사람이 될 수 있는 자격을 부여하였다. 셋째, 옹정제는 화와 이를 재해석함으로써 화와 이의 차이점을 없애고 화이일가라는 목표를 실현하고자 했다.

3. 사료

自古帝王之有天下, 莫不由懷保萬民, 恩加四海, 膺上天之眷命, 協億兆之懽心, 用能統一寶區, 垂庥奕世. 蓋生民之道, 惟有德者可爲天下君, 此天下一家, 萬物一體, 自古迄今, 萬世不易之常經. 非尋常之類聚羣分, 鄉曲疆域之私衷淺見, 所可妄爲同異者也. 書曰, 皇天無親, 惟德是輔. 蓋德足以君天下, 則天錫佑之, 以爲天下君, 未聞不以德爲感孚, 而第擇其爲何地之人而輔之之理. 又曰, 撫我則后, 虐我則仇, 此民心向背之至情. 未聞億兆之歸心, 有不論德而但擇地之理. 又曰, 順天者昌, 逆天者亡. 惟有德者乃能順天, 天之所與, 又豈因何地之人而有所區別乎. ……
夫我朝旣仰承天命, 爲中外臣民之主, 則所以蒙撫綏愛育者, 何得以華夷而有殊視. 而中外臣民旣共奉我朝以爲君, 則所以歸誠效順盡臣民之道

者, 尤不得以華夷而有異心. 此揆之天道, 驗之人理, 海隅日出之鄉, 普天率土之衆, 莫不知大一統之在我朝, 悉子悉臣罔敢越志者也. ……

不知本朝之爲滿洲, 猶中國之有籍貫. 舜爲東夷之人, 文王爲西夷之人, 曾何損於聖德乎. 詩言, 戎狄是膺, 荊舒是懲者, 以其僭王猾夏, 不知君臣之大義. 故聲其罪而懲艾之, 非以其爲戎狄而外之也. 若以戎狄而言, 則孔子周遊不當至楚應昭王之聘, 而秦穆之霸西戎, 孔子刪定之時, 不應以其誓列於周書之後矣. 蓋從來華夷之說, 乃在晉宋六朝偏安之時, 彼此地醜德齊, 莫能相尙. 是以北人詆南爲島夷, 南人指北爲索虜. 在當日之人不務修德行仁, 而徒事口舌相譏, 已爲至卑至陋之見. 今逆賊等, 於天下一統華夷一家之時, 而妄判中外, 謬生忿戾, 豈非逆天悖理, 無父無君, 蜂蟻不若之異類乎. ……

夫人之所以爲人而異於禽獸者, 以有此倫常之理也. 故五倫謂之人倫, 是闕一則不可謂之人矣. 君臣居五倫之首, 天下有無君之人, 而尙可謂之人乎. 人而懷無君之心, 而尙不謂之禽獸乎. 盡人倫則謂人, 滅天理則謂禽獸, 非可因華夷而區別人禽也.

  * 標點 집필자

  ● 출전: [清]雍正帝 撰, 『大義覺迷錄』 卷1; 四庫禁燬書叢刊編纂委員會 編, 『四庫禁燬書叢刊』 史部 第22冊, 北京, 北京出版社, 2000, 260-261, 265쪽.

4. 참고문헌

Spence, Jonathan D., 이준갑 역, 『반역의 책 : 옹정제와 사상통제』, 서울, 이산, 2004.

小野川秀美, 「雍正帝と大義覺迷錄」, 『東洋史研究』 16, 1958.

閔斗基, 「〈大義覺迷錄〉에 대하여」, 『震檀學報』 25~27, 1964(閔斗基, 「淸朝
　　　의 皇帝統治와 思想統制의 實際-曾靜逆謀事件과 大義覺迷錄을 중심
　　　으로」, 『中國近代史硏究:紳士層의 思想과 行動』, 서울, 일조각, 1973
　　　재수록).

1930년대 중국 노동문제와 그 해결방안

·
·
·

1. 제목

> 1920~30년대 在中國 일본자본주의 기업의 노동자 착취와 지배 상황

2. 해제

저자 샤옌(夏衍, 1900~1995)은 저장(浙江)성 항저우에서 태어났다. 본명은 沈端先이다. 1915년 저장省立 甲重공업학교에 입학하였다. 1919년 5.4운동이 발생하자 저장성 최초의 마르크스주의 간행물『浙江新潮』의 편집에 참여했다. 1921년 일본 유학(明治專門學校 電氣科)을 떠나 졸업 후인 1927년 귀국하여 그해 5월 중국공산당에 가입했다. 1929년 藝術劇社를 조직·발기하고 맨 처음으로 '프롤레타리아 희극'이란 구호를 제창했다. 1930년 중국 좌익작가연맹이 성립되자 지도자 가운데 한 사람이 되었으며, 같은 해 좌익희극가연맹을 조직·발기하기도 했다. 1930년 막심 고리키(1868~1936)의『어머니』를 번역했고, 1932년 영화계에 진출하여 몇 편의 영화대본을 창작·개편했다. 1930~40년대에는 항일적 문화운동을 적극적으로 전개하였

고, 1949년에는 상하이에서 문화사업을 주도했다. 1954년에 문화부 차관에 올랐다. 1964년 이후 江青 일파의 비판을 받아 1965년 문화부 차관에서 쫓겨났으며, 1966년부터 8년 넘게 '감호' 받는 생활을 했다. 1978년 복권된 후 문예 및 문화 교류사업에 적극적으로 활동하였다. 『包身工』은 1936년 창작된 보고문학이다. 상하이 등지에서 포신공으로 불리던 여성노동자들의 억압받고 고통스러운 생활상을 견문하고 집필한 르포문학이다. 당시 帶工으로 불리던 노동자 감독들의 잔인하고 비인간적인 노동통제와 노동착취의 현실을 고발하였다. 작품에서는 1932년 1.28사변에서 항일전쟁 폭발(1937년 7.7사변) 전야에 이르는 시기 국민당통치지역에서의 사회적 암흑상을 묘사하였다. 이러한 보고문학을 창작하기 위해 샤옌은 직접 東洋紗廠이라는 일본계 면방직 공장에 침투하여 실지 조사를 벌였다. 그는 한 여성노동자의 도움을 받아 여성 포신공 들과 몇 차례 접촉할 수 있었다. 그러나 이 때문에 노동자 감독들에게 감시당하였다. 3월초에서 5월까지 샤옌은 포신공들의 근무 상황을 관찰하기 위해 두 달여의 야간작업을 했다. 그는 심층적 조사를 거쳐 수많은 1차적 자료를 얻었으며 이를 토대로 포신공이라는 보고문학을 완성하게 되었다. 1929년 시작된 세계공황의 여파로 경제위기에 봉착한 일본자본주의는 중국으로의 경제침략을 확대하였으며, 더 많은 이윤을 남기기 위해 자유노동자를 대신하여 인신적 자유가 없는 포신공이라는 노예적 노동자를 형성시켰다. 이러한 점을 남김없이 폭로하였다는 점에 샤옌 보고문학의 의미를 찾을 수 있을 것이다.

3. 사료

她們正式的名稱却是"包身工". 她們的身體, 已經以一種奇妙的方式, 包給了叫做"帶工"的老板. 每年特別是水灾・旱灾的時候, 這些在東洋廠裏有"脚路"的帶工, 就親身或者派人到他們家鄉或者灾荒區域, 用他們多年熟練了的・可以將一根稻草講成金條的嘴巴, 去游說那些無力"飼養"可又不忍讓他們的兒女餓死的同鄉. ……

于是, 在預備好了的"包身契"上畵上一個十字, 包身費一般是大洋二十元, 期限三年, 三年之內, 由帶工的供給住食, 介紹工作, 賺錢歸帶工者收用, 生死疾病, 一聽天命, 先付包洋十元, 人銀兩訖, "恐後無憑, 立此包身契據是實!" 福臨路工房的二千左右的包身工人, 隸屬在五十個以上的帶工頭手下, 她們是順從地替帶工賺錢的"機器". 所以, 每個"帶工"所帶包身工的人數, 也就表示了他們的手面和財産. 少一點的三十五十, 多一點的帶到一百五十個以上. 手面寬一點的"帶工", 不僅可以放債・買田・起屋, 還能兼營茶樓・浴室・理髮鋪一類的買賣. ……

她們的定食是兩粥一飯, 早晚吃粥, 中午乾飯. 中午的飯和晚上的粥, 由老板差人給她們送進工廠裏去. 粥!它的成分幷不和一般通用的意義一樣. 裏面是較少的籼米・鍋焦・碎米和較多的鄉下人用來喂猪的豆腐的渣粕! 粥菜? 這是不可能的事了, 有幾個"慈祥"的老板到小茶場去收集一些萵苣菜的葉瓣, 用鹽鹵漬一浸, 這就是她們難得的佳肴. …… 添粥的機會, 除了特殊的日子, 一譬如老板・老板娘的生日, 或者發工錢的日子之外, 通常是很難有的. 輪着揩地板・倒馬桶的日子, 也有連一碗也輪不到的時候. 洋鉛桶空了, 輪不到盛第一碗的人們還捧着一只空碗, 于是老板娘拿起鉛桶, 到鍋子裏去刮一下鍋焦・殘粥, 再到自來水龍頭邊去沖一些冷

水, 用她那雙方才在梳頭的油手攪拌一下, 氣哄哄地放在這些廉價的·不需要更多維持費的"機器"們面前. "死懶!躺着死不起來, 活該!"……

第一, 包身工的身體是屬于帶工的老板的, 所以她們根本就沒有"做"或者"不做"的自由. 她們每天的工資就是老板的利潤, 所以卽使在生病的時候, 老板也會很可靠地替廠家服務, 用拳頭·棍子, 或者冷水來强制她們去做工作. …… 第二, 包身工都是新從鄉下出來, 而且她們大半都是老板的鄉鄰, 這一點, 在"管理"上是極有利的條件. 廠家除出在工房周圍造一條圍墙, 門房裏置一個請願警, 和門外釘一塊"工房重地, 閑人莫入"的木牌, 使這些"鄉下小姑娘"和別的世界隔絶之外, 將管理權完全交給了帶工的老板. 這樣, 早晨五點鐘由打雜的或者老板自己送進工廠, 晚上六點鐘接領回來, 她們就永沒有和外頭人接觸的機會. 所以包身工是一種"罐裝的勞動力", 可以"安全地"保藏, 自由地取用, 絶沒有因爲和空氣接觸而起變化的危險. 第三, 那當然是工價的低廉. 包身工由"帶工"帶進廠裏, 于是她們的集合名詞又變了, 在廠方, 她們叫做"試驗工"或者"養成工". 試驗工的期間表示了廠家在試驗你有沒有工作的能力, 養成工的期間那就表示了准備將一個"生手"養成爲一個"熟手". 最初的工錢是每天十二小時, 大洋一角乃至一角五分, 最初的工作範圍是不需要任何技術的掃地·開花衣·扛原棉·松花衣之類. 凡個禮拜之後就調到鋼絲車間·條子間·粗紗間去工作. 在這種工廠所有者的本國, 拆包間·彈花間·鋼絲車間的工作, 通例是男工做的, 可是在上海, 他們就不必顧慮到"社會的糾纏"和"官廳的監督", 就將這種不是女性所能擔任的工作, 加到工資不及男工三分之一的包身工們的身上去了. ……

紗廠工人的三大威脅, 就是音響·塵埃和濕氣. ……

但是打瞌睡是不會有的. 因爲野獸一般的鐵的暴君監視着你, 只要斷了線不接, 錠殼軋壞, 皮輥擺錯方向, 乃至車板上有什么堆積, 就會有遭"拿莫溫"(工頭)和"小蕩管"毒罵和毆打的危險. ……

她們是最下層的起碼人, 她們是拿莫溫和小蕩管們發脾氣和使威風的對象. 在紗廠, 做了爛汚生活的罰規, 大約是毆打·罰工錢和"停生意"三種. 那么, 從包身工所有者──帶工老板的立場來看, 後面的兩種當然是很不利了. 罰工錢就是減少他們的利潤, 停生意不僅不能賺錢, 還要貼她二粥一飯, 于是帶工頭不假思索地就歡喜他們采用毆打這一種辦法了. 每逢端節重陽年頭年尾, 帶工頭總要給拿莫溫們送禮, 那時候他們總得卑屈地講: "總得請你幇忙, 照應照應. 咱的小姑娘有什么事情, 盡管打, 打死不干事, 只要不是罰工錢, 停生意!"

…… 美國……達維特·索洛曾在一本書上說過, 美國鐵路的每一根枕木下面, 都橫臥着一個愛爾蘭工人的尸首. 那么, 我也這樣聯想, 在東洋廠的每一個錠子上面, 都附托着一個中國奴隷的冤魂!

- 출전: 夏衍, 『包身工』, 上海, 1936(北京, 解放軍文藝出版社, 2000, 1-15쪽).

4. 참고문헌

古廐忠夫, 「중국에 있어서 노동자계급의 형성과정」, 『중국혁명의 전략과 노선』, 서울, 화다, 1986.

金志煥, 「1930년대초 중국 綿製品市場의 構造와 在華紡의 성격: 在華紡의 '生産分業體制'에 대한 분석을 중심으로」, 『史叢』 46, 1997.

田寅甲, 「1920年代 上海 勞動者 社會와 地域網의 機能─都市社會 適應 機制로서의 同鄕幇口─」, 『東洋史學硏究』 62, 1998.

張忠民, 「近代上海工人階層的工資與生活」, 『中國經濟史研究』 2011-2.

Tawney, R. N., *Land and Labour in China*, London: George allen & Union
LTD., 1932.

1. 제목

1930년대 중국노동자의 노동조건 개선을 위한 법제화 ──
1931년 중국소비에트 공화국의 노동법

2. 해제

「중화소비에트공화국노동법(中華蘇維埃共和國勞動法)」은 1931년 11월
에 개최된 중화소비에트공농병(工農兵)제1차대표대회에서 통과한 법
령이다. 중화소비에트공화국에 의해 「中華蘇維埃共和國勞動法土地
法」으로 간행되었는데, 여기서는 중국의 중앙당안관이 편집한 『中共
中央文件選集』(中共中央黨校出版社, 1991) 7책(1931), 782-794쪽에 수록
된 것을 이용하였다. 중국공산당은 1921년 7월 창립된 당시 미약한
세력에 불과하였지만, 1924년 국민당과의 합작으로 국민혁명을 추진
하는 과정에서 급속한 성장을 이룰 수 있었다. 그러나 쑨원(孫文) 사
후 공산당의 급속한 성장을 우려한 국민당내 우파에 의해 배척되었
으며, 1927년 7월 국민당 좌파도 공산당의 축출을 결정함으로써 국
공합작은 결렬되고 말았다. 이후 중국공산당은 노동운동과 농민운동
의 기초 하에서 홍군 주도의 무장봉기를 결행하는 소비에트 혁명을
지향하였고, 국민당과 제국주의 세력이 취약한 농촌과 산악지대에
소비에트 정권을 수립할 수 있었다. 그 대표적인 사례가 추수기의
실패 이후 징강산(井岡山)으로 들어가 1928년 노농홍군 제4군을 조직

한 마오쩌둥(毛澤東)과 주더(朱德)에 의한 농촌소비에트(홍색근거지)였다. 각지에 수립된 소비에트 정권들은 1931년 11월 7일 러시아혁명 기념일에 강서성 남부의 瑞金(루이진)에서 중화소비에트제1차전국대표대회를 개최하였다. 대회에서는 중화소비에트공화국의 헌법, 노동법, 토지법, 경제정책 등을 정한 후 중화소비에트공화국 임시중앙정부의 수립을 선언하였다. 중앙정부 주석에는 마오쩌둥, 부주석에는 샹잉(項英)과 장궈타오(張國燾)가 선출되었고, 수도는 루이진으로 결정되었다. 중국공산당은 이때 처음으로 집권당, 집권세력으로서의 경험을 갖게 되었다. 중화소비에트공화국노동법은 당시 사회주의국가였던 소비에트 사회주의 공화국 연방(소련)의 노동법을 모델로 하였다고 생각된다. 하지만 당시 제국주의와 자본가계급에 의해 지배받고 착취당하던 중국노동자의 사회경제적 조건을 배경으로 하여 제정되었다는 점도 고려해야 할 것이다. 「포신공」에 나타나는 1920~30년대 중국 노동자들의 열악한 조건과 지위에 대해 노동법은 그 해결방식을 제기하고 있다고 보이기 때문이다.

3. 사료

第一章 總則

第一條 凡在企業, 工廠, 作坊及一切生産事業和各種機關(國家的, 協作社的, 私人的都包括在內)的雇傭勞動者, 都應享受本勞動法的規定. ……

第四條 雇農, 森林工人, 季候工人, 交通工人, 苦力, 家庭的女工, 廚役及其他有特殊勞動條件的工人, 除享受本勞動法的一般規定之外, 并得享受中央執行委員會, 人民委員會及中央勞動部對于這些工人所頒布的

個別勞動條件的規定. ……

第二章 雇佣的手續

第六條 雇佣工人須經過工會和失業勞動介紹所, 并得根據集體合同, 嚴格禁止所謂工頭, 招工員, 買辦或任何私人的代理處的各種契約, 勞動包工制, 包工頭等. ……

第八條 嚴格禁止并嚴厲處罰要工人出錢買工做或從工資中扣錢作介紹報酬. ……

第四章 工作時間

第十四條 所有雇佣勞動者通常每日的工作時間, 依本勞動法的規定, 不得超過八點鐘.

第十五條 十六至十八歲的靑工, 每日工作時間不得超過六點鐘, 十四歲至十六歲的童工, 每日工作時間不得超過四點鐘.

第十六條 所有工人在危害身體健康之工業部門中工作(如地下礦工, 鉛, 鋅以及其他帶毒性的工作), 每日的工作時間須減至六點鐘以下. 危害工人身體健康之工業種類及某種工業每日之工作時間減至若干點鐘, 由中央勞動部制定公布之.

第十七條 所有在夜間做工之工人, 每日工作時間較通常工作時間少一點鐘(通常八點鐘者減至七點鐘, 七點鐘者減至六點鐘, 餘類推).

第五章 休息時間

第十九條 每工人每周經常須有繼續不斷的四十二點鐘的連續休息.

纂二十條 在任何企業內的工人, 繼續工作到六個月以上者, 至少須有二

個星期的例假, 工資照發. 在危害工人身體健康之工業中工作的工人, 每年至少須有四個星期日例假, 工資照發.

第六章 工 資

第二十五條 任何工人之工資不得少於由勞動部所規定的眞實的最低工資額, 各種工業部門的最低工資額, 至少每三個月由勞動部審定一次.

第二十六條 各種工業內(國家的合作社或私人的)實際的工資額, 由工人(由工會代表工人)和企業主或企業管理人用集體合同規定之. ……

第二十八條 由勞動檢查機關的許可, 工人在休息日或紀念日做工作, 應發雙薪. ……

第三十條 夜工的工資須高于通常的工資, 工作八點鐘者增加七分之一, 工作六點鐘(危險工作)者增加五分之一的工資, 按件計算的工作, 如爲夜工, 除應得的工資外, 工作八點鐘者應照其平均工資增加七分之一, 工作六點鐘者應照其平均工資增加五分之一. ……

第三十二條 工人和職員, 遇每年的例假時, 在例假期間的工資, 應在例假前提前發給. ……

第七章 女工青工及童工 ……

第三十五條 凡某些特別繁重或危險的工業部門, 禁止女工, 青工及童工在裏面工作. ……

第三十七條 十八歲以下的男女工及懷孕和哺小孩的女工, 嚴格禁止做夜工. ……

第四十一條 十四歲以下的男女, 嚴格禁止雇用. 十四歲至十六歲的童工, 經過勞動檢查機關許可後才能雇用. ……

第四十三條 設立工廠或商埠學校, 以提高青年工人的熟練程度, 并給他
們以補充教育, 經費由廠方供給. 嚴格禁止舊式的學徒制和養成工制.
各種形式的學徒制, 凡與本勞動法條文所規定的條件惡劣者(工資, 工作
時間, 待遇等)宣告無效.

第八章 勞動保護

第王十三條 由工廠出資建築工人寄宿舍, 無代價的分給工人及其家庭住,
未建築寄宿舍的, 每月由工廠津貼相當的房金. ……

第五十七條 所有受雇後在工作過程中所得的職業病, 本勞動法認爲與職
業遇險同, 并應全部撫恤之. ……

第十章 社會保險 ……

- 출전:「中華蘇維埃共和國勞動法」, 1931년 11월(中央檔案館 編, 『中共中央文
件選集』, 中共中央黨校出版社, 1991, 7册(1931), 782-794쪽).

4. 참고문헌

전인갑,『20세기 전반기 상해사회의 지역주의와 노동자』, 서울, 서울대학교출
　　　판부, 2002.
金志勳,「1930年代 中華소비에트共和國의 經濟政策」, 성균관대학교 박사학위
　　　논문, 2001.
張友南・孫偉,「中央蘇區時期勞動法問題研究」,『江西社會科學』2011-3.
Perry, Elizabeth J., *Shanghai on Strike: The Politics of Chinese Labor*,
　　　Stanford: Stanford University Press, 1993.

중국근현대시기 농민문제와 토지개혁의 실현

•
•
•

1. 제목

중국 근대 시기 지주와 군벌의 잔혹한 농민 수탈

2. 해제

펑파이(彭湃, 1896~1929)는 광둥(廣東)성 하이펑(海豊)현의 부유한 대지주 집안에서 태어났다. 어려서 고향과 광저우에서 전통교육과 신식교육을 받은 후 22세 되던 1917년 일본 유학에 올랐다. 早稻田대학 정치과를 졸업하고 1921년 귀국하였는데, 일본 유학 기간 사회주의 사상을 배우고 그 실천활동에 참가하였다. 귀국 후 바로 중국사회주의청년단에 가입하였다. 1922년 7월 말 중국 최초의 농민협회(六人農會)를 조직하고 1923년 1월에는 하이펑현총농회를 조직하여 펑파이가 회장이 되었다. 이 농민조직은 광둥성농회로 개명되었고, 펑파이가 집행위원장을 맡았다. 1924년 1월 국공합작이 성립되자 펑파이는 중국공산당에 가입하였다. 그의 건의로 6월 말 광주농민운동강습소가 개설되고, 펑파이는 그 초대 주임에 취임하여 농민운동 간부를 양성하였다. 1924년 11월부터 이듬해 2월까지는 중국국민당 중앙농민부 특파원 신분으로 광둥성 廣寧에 가서, 3개월에 걸치는 광닝농민의 지주 반대 무장투쟁을 성공적으로 수행하였다. 그는 또 광둥성 농민협회(1925년 5월 1일 조직)의 설립을 주도하였다. 1926년 1월 1일, 펑파이의 저술 「하이펑현농민운동보고」가 당일 창간된 『中國農民』에 게재되었다. 5월 1일에는 광둥성 제2차 농민대표대회를 주관하여 개최하였고, 제2차 집행위원회 상무위원으로 선임되었다. 국공분열 후 1927년 11월 펑파이는 당의 방침에 따라 그의 고향에서 중국 최초의 홍색정권 ― 해륙풍소비에트정부를 수립하였다. 펑파이는 여러 혁신적 농민정책을 실행하였으나 1929년 8월 24일 국민당 측에 체포되어 8월 30일 처형되었다.

「하이펑현농민운동보고」는 1926년 1월 『중국농민』에 수록되었는데 원래 광주농민운동강습소의 강의내용으로 작성된 것이었다. 강습생으로 하여금 중국농촌의 실제상황과 농민운동의 특징을 이해할 수 있도록, 강습생이 강습 후 농촌에서 더욱 양호하게 당의 정책을 집행할 수 있도록, 펑파이는 해륙풍농민운동의 경험을 총괄하여 이러한 글을 작성하였다. 『중국농민』은 제1차 국공합작시기 중국공산당의 지도하에 중국국민당중앙집행위원회농민부 명의(농민부장은 공산당원 林伯渠)로 출판된 농민운동 지도서였다. 그 후 펑파이는 이 글의 일부 장절을 바꾸고 일부 내용을 수정하여 1926년 10월 『하이펑농민운동』(廣東省農民協會 編)을 출판하였다. 아래 제시한 사료는 광동군벌 陳炯明의 폭압적 농민토지 수탈상과 광동 지주들의 잔혹한 지대 착취를 묘사한 것으로 1920년대 광동 농촌의 실제상황을 반영하고 있다.

3. 사료

陳烱明家在海豊城南門設了一個將軍府, …… 海豊的零落小地主已不能
維持他的地位, 紛紛須把土地來賣給將軍府, 其中好多是千數百年來的契
約, 條文固然不能明白, 而土地的方向及所在地也不分明白, 陳氏把它買
來, 叫了兵士造了數十枝竹籤, 上寫將軍府三字, 按着契約上彷似的田土
就揷下去, 一面出佈告曉諭農民, 謂凡有竹籤所揷的地方如有契約的就來
認回, 無契約的便是將軍府所有!

一般土地被其所揷之地主, 固然可以由契約對回, 而多數自耕農及半自耕
農被其所揷的土地, 便多不能收回, 其原因: (一) 農民的祖宗遺下來的土
地, 雖有土地契約, 然因保管不合法, 或爲虫蛀所遺失, 起初不曉得馬上
去納稅過契, 後來一天過一天, 一代過一代, 都得安然按地耕種, 無時間
及專去注意這件事, 故多有土地而無契約者, 一旦受其所揷而無可如何.
(二) 到將軍府比入皇帝殿尤難, 農民要到將軍府講話, 差不多要先拜候
紳士, 專托一些貴族·官僚·政客, 道道去用錢, 才能去見陳六太(卽開
庭), 這是農民絕對做不到的, 所以有契約的亦等于無. (三) 卽可得向將
軍府交涉, 而昔日之契約條文往往不甚完備, 以將軍府如此橫行, 倘若靠
着他們的良心來維持農民的田土, 直等于痴人夢想!而且農民又不大會說
話的, 卽使會說也不值他們一罵: "糊涂, 赶他出去!"

因爲以上三個原因, 一般農民就敢怒而不敢言的屈服了!又他們到鄉村去
收租, 都是叫護弁或警察武裝收租的. 有一個叫做圓麻鄕的幾家人, 因凶
年還不淸租, 他們就叫護弁搜家, 嚇得男婦老幼魂不附體, 搶去婦女的頭
鬃裝飾品六件, 值銀兩元, 小孩爛衣服六件, 米二升, 穀種一斗, 以後該鄕
農民暫願餓死不再耕陳家土地, 就實行總辭田, 但地主說: 你耕也好, 不

耕也好, 我是一定要向你收租的!以後適陳炯明回來海豊, 農民去告訴他, 陳炯明說:"你們要辭田, 怪不得他要向你收租了."

● 출전: 彭湃,「海豊農民運動報告」,『中國農民』一期, 1926年 1月(章有義 編, 『中國近代農業史資料』第2輯(1912~1927), 北京, 三聯書店, 1957. 23쪽)

海豊第二區有一個地方叫做高沙約, 全約有百數個鄉村, 共有萬餘人. 這個地方 —— 全約的土地通通是鹿境蔡姓的大地主所有, 不但農民耕田要納租, 卽住屋還是要納租, 農民對地主像奴隷一般, 地主在該約建立一個租館, 每年却派有壯丁數十人. 中有一個是房長, 住在租館裏面, 向農民催收租穀, 租館裏幷設有長梯 · 蔴繩 · 鎖鏈 · 藤條 · 木板等的刑具, 是不啻爲滿清一個政府, 農民如有還租過遲或不清者, 或舊欠拖延者, 卽把農民捕到, 禁在租館裏, 甚者吊起來 —— 叫做"猴子吊". 等到被吊農民的父兄妻子把牛或兒子賣了 · 老婆嫁了, 用錢來贖, 才放下來. 或者比較輕的就禁在房裏, 用藤條或木板一五一十來抽打, 等他有錢來贖, 始放他. 再輕一點的就拉農民的猪牛來抵租, 或搬去農民的家具或農具如鋤頭 · 犁 · 水車等抵押. 其最輕者卽是等農民于下午赴市回來, 手中買有多少魚菜, 田主卽伏于路邊搶之以抵租者. 故該約一般農民都不敢從地主租館附近經過, 及海豊總農會成立的時候, 該地農民團結比別處更爲堅固, 時時有襲擊租館的聲氣. 地主紛紛逃回, 以後就不敢再到租館了.

● 출전: 彭湃,「海豊農民運動」, 廣東省農民協會 編,『海豊農民運動』, 1926年 10月(章有義 編,『中國近代農業史資料』第2輯(1912~1927), 北京, 三聯書店, 1957. 127쪽)

70 세계사 속의 갈등과 통합

4. 참고문헌

蔡洛 等, 『彭湃傳』, 北京, 人民出版社, 1986.

楊紹練·余炎光, 『廣東農民運動』 1922~1927年, 廣州, 廣東人民出版社, 1988.

天野元之助, 「解放前の中國農業とその生産關係-華南」, 『アジア經濟』 18-12, 1977.

방용필, 「지주와 佃戶關係: 1920년대 군벌통치하의 광동성 東江地方」, 『중국학보』 34, 1994.

Eng, Robert Y., "Institutional and Secondary Landlordism in the Pearl River Delta, 1600- 1949," *Modern China*, Vol.12(1), 1986.

1. 제목

중화인민공화국의 토지개혁(1950년 6월) – 농민적 토지소유의 실현

2. 해제

중화인민공화국토지개혁법은 "지주계급의 봉건적인 토지소유제를 폐지하고 농민적 토지소유제를 실현하기 위하여, 아울러 이를 통해 농촌의 생산력을 해방시키고, 농업생산을 발전시키며, 신중국의 공업화를 위한 길을 개척하기 위하여" 제정한 법이다. 1950년 6월 28일 중앙인민정부위원회 제8차 회의에서 통과되었고, 6월 30일 중앙인민정부는 법령을 공포하였다. 도합 6장 40조이다. 이 내용은 1950년 6월 30일자 『人民日報』에 게재되었다. 『인민일보』는 중국을 대표하는 일간신문으로 중국공산당 중앙위원회의 기관지다. 중국공산당이 대륙을 통일하기 전인 1948년 6월 15일 陝西省 延安에서 중국공산당 중앙 華北局의 기관지로 창간되었다. 1949년 중국인민해방군이 베이징으로 진주하자 베이징으로 이전하였다. 여기에 제시한 토지개혁 법령은 중공중앙문헌연구실이 편집한 『建國以來重要文獻選編』(第1冊, 北京, 中央文獻出版社, 1992)에 수록된 것에서 중요 부분을 발췌하였다.

노동자・농민의 지지를 받아 전국적 혁명정권의 수립을 도모하는 중국공산당으로서 지주토지의 몰수와 농민에게의 토지분배는 중요

한 정책이 아닐 수 없었다. 국공분열 이후 1927년 11월의 해륙풍소비에트나 동년 12월의 광주기의에서 토지몰수와 토지분배를 지향하는 정책을 실행하려한 것은 자연스러운 일이라 할 수 있다. 그러나 이러한 지향은 단기간에 좌절되어 버렸고, 井岡山에 근거지를 마련한 마오쩌둥 집단은 1928년 12월 정강산토지법을 제정함으로써 토지개혁을 실천하고자 하였다. 모든 토지를 몰수하여(소비에트 정부 소유) 가족 수에 따라 토지를 분배하는 정강산 토지법은 국공 양당의 첨예한 대결이라는 상황 속에서 급진적인 성격을 가질 수밖에 없었다. 1937년 일본의 침략에 공동 대처하기 위해 결성된 제2차 국공합작으로 중국공산당은 토지개혁을 일단 유보하고 대신 지주계급으로부터 일정한 양보(25%의 소작료 인하)를 얻는 것에 그침으로써 항일대오를 확대시킬 수 있었다. 그러나 일본의 항복으로 국공 양당의 대립과 분열이 노골화되면서 다시 중국공산당은 토지개혁의 길로 나가기 시작하였다. 1946년 5월 토지문제에 대한 지시(소위 5.4지시)를 발표하여 대일 협력자와 토호열신 등의 토지몰수를 공식화하였다. 이어서 국공내전이 재개되자 1947년 10월 모든 지주의 토지소유권을 폐지하고 토지의 균분을 규정한 土地法大綱을 제정하였다. 이는 어디까지나 중국인민해방군이 지배하는 영역에 국한될 뿐이었다. 전중국이 중국공산당에 장악되어 중화인민공화국이 건설된 이후 토지개혁법이 제정되어 전중국에서의 토지개혁이 진행되었다. 아래 사료에서도 보이듯이, 지주의 상공업을 보호하고자 하는 측면, 부농을 보호하는 정책적 측면도 보인다. 생산력 발전을 염두에 둔 것이라 생각된다. 아울러 토지분배에서 경작자 우선주의의 원칙을 견지하고 있고, 심지어 귀향한 도망지주에게도 원할 경우 일반농민과 같은 수준의 토지분배를 규정하고 있으며, 매국노·중대범죄자라 할지라도 그 가족에게는 원할 경우 토지분배가 가능하도록 되어 있다는 점이 주목된다.

3. 사료

第一章 總則

第一條　廢除地主階級封建剝削的土地所有制，　實行農民的土地所有制，借以解放農村生産力，發展農業生産，爲新中國的工業化開辟道路.

第二章 土地的沒收和徵收

第二條　沒收地主的土地·耕畜·農具·多餘的糧食及其在農村中多餘的房屋. 但地主的其他財産不予沒收. ……

第四條　保護工商業，不得侵犯. 地主兼營的工商業及其直接用于經營工商業的土地和財産，不得沒收. 不得因沒收封建的土地財産而侵犯工商業. 工商業家在農村中的土地和原由農民居住的房屋，應予徵收. 但其在農村中的其他財産和合法經營，應加保護，不得侵犯.

第五條　革命軍人·烈士家屬·工人·職員·自由職業者·小販以及因從事其他職業或因缺乏勞動力而出租小量土地者，均不得以地主論. 其每人平均所有土地數量不超過當地每人平均土地數百分之二百者(例如當地每人平均土地爲二畝，本戶每人平均土地不超過四畝者)，均保留不動. 超過此標准者，得徵收其超過部分的土地. 如該項土地確系以其本人勞動所得購買者，或系鰥·寡·孤·獨·殘廢人等依靠該項土地爲生

者, 其每人平均所有土地數量雖超過百分之二百, 亦得酌情予以照顧.

第六條 保護富農所有自耕和雇人耕種的土地及其他財産, 不得侵犯. 富農所有之出租的小量土地, 亦予保留不動; 但在某些特殊地區, 經省以上人民政府的批准, 得徵收其出租土地的一部或全部. 半地主式的富農出租大量土地, 超過其自耕和雇人耕種的土地數量者, 應徵收其出租的土地. 富農租入的土地應與其出租的土地相抵計算.

第七條 保護中農(包括富裕中農在內)的土地及其他財産, 不得侵犯. ……

第三章 土地的分配

第十條 所有沒收和徵收得來的土地和其他生産資料, 除本法規定收歸國家所有者外, 均由鄉農民協會接收, 統一地 · 公平合理地分配給無地少地及缺乏其他生産資料的貧苦農民所有. 對地主亦分給同樣的一份, 使地主也能依靠自己的勞動維持生活, 并在勞動中改造自己.

第十一條 分配土地, 以鄉或等于鄉的行政村爲單位, 在原耕基礎上, 按土地數量 · 質量及其位置遠近, 用抽補調整方法按人口統一分配之. 但區或縣農民協會得在各鄉或等于鄉的各行政村之間, 作某些必要的調劑. ……

第十三條 在分配土地時, 對于無地少地人口中若干特殊問題的處理, 如下:

一. 只有一口人或兩口人而有勞動力的貧苦農民, 在本鄉土地條件允許時, 得分給多于一口人或兩口人的土地.

二. 農村中的手工業工人 · 小販 · 自由職業者及其家屬, 應酌情分給部分土地和其他生産資料. 但其職業收入足以經常維持其家庭生活者,

得不分給.

三. 家居農村的烈士家屬(烈士本人得計算在家庭人口之內) · 人民解放軍的指揮員 · 戰鬪員 · 榮譽軍人 · 復員軍人 · 人民政府和人民團體的工作人員及其家屬(包括隨軍家屬在內), 均應分給與農民同樣的一份土地和其他生產資料. 但人民政府和人民團體的工作人員, 得視其薪資所得及其他收入的多少與其對于家庭生活所能維持的程度, 而酌情少分或不分. ……

五. 農村中的僧 · 尼 · 道士 · 敎士及阿訇, 有勞動力, 願意從事農業生產而無其他職業維持生活者, 應分給與農民同樣的一份土地和其他生產資料.

六. 經城市人民政府或工會證明其失業的工人及其家屬, 回鄉後要求分地而又能從事農業生產者, 在當地土地情況允許的條件下, 應分給與農民同樣的一份土地和其他生產資料.

七. 還鄉的逃亡地主及曾經在敵方工作現已還鄉的人員及其家屬, 有勞動力, 願意從事農業生產以維持生活者, 應分給與農民同樣的一份土地和其他生產資料.

八. 家居鄉村業經人民政府確定的漢奸 · 賣國賊 · 戰爭罪犯 · 罪大惡極的反革命分子及堅決破壞土地改革的犯罪分子, 不得分給土地. 其家屬未參加犯罪行爲, 無其他職業維持生活, 有勞動力幷願意從事農業生產者, 應分給與農民同樣的一份土地和其他生產資料. ……

- 출전: 「中華人民共和國土地改革法」 1950년 6월, 『人民日報』 1950년 6월 30일자(中共中央文獻硏究室 編, 『建國以來重要文獻選編』 第1冊, 北京, 中央文獻出版社, 1992, 336-345쪽 수록).

4. 참고문헌

加藤祐三, 『中國の土地改革と農村社會』, 東京, アジア經濟硏究所, 1972.

趙效民 主編, 『中國土地改革史, 1921~1949』, 北京, 人民出版社, 1990.

金眞經, 「建國 初期 中共의 土地改革(1950~52)」, 『中國史硏究』 25, 2003.

유용태, 「중국의 토지혁명과 신민주주의 경제, 1945~1953」, 『중국근현대사연구』 55, 2012.

Lippit, Victor D., *Land Reform and Economic Development in China-A Study of Institutional Change and Development Finance*, White Plains, NY: International Arts and Sciences Press Inc., 1974.

일 본

사무라이와 신분제의 위기

•
•
•

1. 제목

무로마치(室町) 시대 말엽의 슈고(守護) 다이묘(大名)

2. 해제

이 사료는 무로마치 시대(1336~1573) 말엽 유력 다이묘인 야마나 소젠(山名宗全: 1404~1473)과 이름이 명시되지 않은 궁정귀족〔公家〕사이에 이루어진 대화에서 야마나가 한 말을 기록한 것이다. 이 글의 저자 야마나 소젠은 담바(丹馬), 이나바(因幡), 호키(伯耆), 히고(備後)의 슈고로, 1441년 아카마츠(赤松)씨를 무찌르고 그 영토였던 하리마(播磨), 이시미(石見)를 병합했고, 나아가 미마사카(美作), 부젠(豊前)까지 지배아래 두었다. 1467년 그는 쇼군 아시카가 요시마사(足利義政: 재직 1449~1473)의 후사를 둘러싼 계승분쟁 즉 오닌(応仁)의 난(1467~1477)을 일으켰는데, 전국의 슈고 다이묘들이 이 계승분쟁에 참전하며 아시카가(足利) 막부의 통제력이 완전히 무너졌고, 이후 일본은 1600년 도쿠가와 이에야스(德川家康: 1543~1616)가 안정적인 정권을 창출할 때까지 기나긴 전쟁의 시대, 즉 전국시대(1467~1590)에 접어들게 된다. 제시된 사료에서 야마나는 궁정귀족에게 凡例가 아니라 향후에는 時, 즉 시대라는 문자를 마음에 새겨야한다고 일갈한다. 나아가 그는 명문가들이 범례만을 따르다 멸문의 화를 당하고 무사들에게 굴욕을 당했다고 주장하며, 필부인 자신에게 범례를 말하지 말라고 이야기하는데, 이는 전통적 권위에 도전하는 무로마치 시대 사무라이 유력자의 모습을 상징적으로 보여주는 일화이다.

3. 사료

山名金吾入道宗全。いにし大亂の比をひ。或大臣家にまいりて。当代亂世にて。諸人これにくるしむなど。さまざまものがたりして侍りける折ふし。亭の大臣ふるきれいをひき給ひて。さまざまかしこく申されけるに。宗全たけくいさめる者なれば。臆したる氣色もなく申侍るは。君のおほせ事一往はきこへ侍れど。あながちそれに乗じて例をひかせらるる事しかるべからず。凡例といふ文字をば。向後は時といふ文字にかへて御心へあるべし。それ一切の事は。むかしの例にまかせて。何々を張行あるといふ事。此宗全も少しはしる所也。雲のうへの御さたも。伏してかんがふるに勿論なるべし。夫和國神代より天位相つづきたる所の貴をいはど。建武元弘より当代までは皆法をただしあらたむべき事なり。乍レ憚君公も礼節をつとめらるるに。いにしへの大極殿のそこそこ何にての法礼ありといふ例を用るば。後代其殿ほろびたるにいたりては。是非なく又別殿におこなはるべき事也。又其別殿も時ありて若後代亡失ば。いたづらなるべきか。凡例と云は其時が例也。大法不易政道は。例を引て宜しかるべし。其外の事いささかにも例を引かるル事心へず。一概に例になづみて。時を

しられざるゆへに。あるひは衰微して門家ととぼしく。あるひは官位のみ競望して其智節をいはず。如此して終に武家に恥かしめられて。天下うばはれ媚をなす。若しゐて古來の例の文字を今沙汰せば。宗全ごときの匹夫。君に對して如此同輩の談をのべ侍らんや。是はそも古來いづれの代の例ぞや。是則時なるべし。我今いふ所おそれおほしといへども。又併後世にわれより憎惡のものもなきにはあるべからず。其時の体によらば。其者に過分のこびをなさるるにてあるべし。。。。我方の例をのたまふべからず。もし時しり給はば。身不肖なりと云と云ども。宗全がはたらきを以て。尊主君公みな扶持したてまつるべしと苦々しく申ければ。彼大臣も閉口ありて。はじめ興ありつる物がたりも。皆いたづらに成けるとぞったへ侍し。是か非か。

- 출전: 児玉幸多 등 編,『史料による日本の歩み』近世編, 東京, 吉川弘文館, 1996, 1쪽.

4. 참고문헌

川岡勉,『山名宗全』, 東京, 吉川弘文館, 2009.

Varley, H. Paul., *The Onin War: History of its origins and background with a selective translation of the Chronicle of Onin*, New York: Columbia University Press, 1967.

1. 제목

평화기 무사의 정신적 위기

2. 해제

『하가쿠레(葉隱)』의 저자 야마모토 츠네토모(山本常朝, 1659~1719)는 1659년 히젠(肥前)번의 가신 야마모토 진우에몬시게즈미(山本神右衛門重澄)의 아들로 태어나, 14세에 히젠번의 2대번주 나베시마 미츠시게(鍋島光茂: 1632~1700)의 御側小僧으로 출사하는 것을 시작으로 42세까지 사가(佐賀), 에도(江戶), 교토(京都) 등지에서 관리생활을 했다. 42세에 히젠 번주 나베시마가 사망하자 은퇴 후 이 책을 6년간 구술했다(1710~1716). 현재 남아있는 판본들은 이 때 구술한 내용을 필록한 것들이다. 전쟁이 끝나고 사무라이(侍)가 평시의 관료로 전환되는 18세기 초반에 만들어진 이 책에서, 야마모토의 문제의식은 무사가 어떻게 평화기를 살 것인지 고민한다. 야마모토의 전략은 전국시대 무사를 이상화하고, 그들처럼 살 것을 갈구하는 것이다. 아마도 『하가쿠레』에서 가장 유명한 구절에서, 야마모토는 무사도의 본질이 죽음에 있다고 일갈한다. 그는 "개죽음"을 두려워하지 않는 사무라이의 모습을 이상화하고, 주군에 봉사할 수 있음을 역설하고 있는데, 문제의식은 동시대 무사관료들이 비굴하고 타산적이라는 비판으로 이어진다.

3. 사료

武士道と云ふことは、卽ち死ぬことと見付けたり。凡そ二ツ一ツの場合
に、早く死ぬかたに片付くばかりなり。別に仔細なし。胸すわりて進むな
り。若し図にあたらぬとき、犬死などと云ふは、上方風の打上がりたる武
道なるべし。…… 我れ人共に、等しく生きる方が、万々望むかたなれ
ば、其の好むかたに理がつくべし。若し図にはづれて生きたらば、胸ぬけ
なりとて、世の物笑ひの種となるなり。…… 毎朝、毎夕、改めては死ぬ
死ぬと、常住死身になっているときは、武道に自由を得、一生落度なく
家職を仕果たすべきなり。

今時の奉公人を見るにいかう低い眼の着けどころなり恰も掏摸の目遣ひの
様なり。只身の爲の欲得か或は利發だてか又少し魂の落ち着きたる様な
れば身がまへをする許なり。我が身を主君に奉り死しては、幽靈となりて
二六時中主君の御事を歎き事を調へて、進上申し御國家を固むると云ふ
所に眼を着けねば奉公人とはいはれるなり上下の差別あるべき様なしされ
ば此のわたりにギスと居すわりて神佛の勸めにても少しも迷はぬ様覺悟せ
ねばならぬ事なり。

● 출전: 山本常朝, 田代陣基 編,『葉隱抄』, 1934, 10-11, 16-17쪽.

4. 참고문헌

三島由紀夫,『葉隱入門』, 東京, 新潮社, 2010.
야마모토 쓰네토모, 이강희 옮김,『하가쿠레: 어느 사무라이가 들려주는 인간
　　　　경영의 촌철살인』, 고양, 사과나무, 2013.

Tsunetomo, Yamamoto, trans., Alexander Bennett, *Hagakure: The Secret Wisdom of the Samurai*, Tokyo: Tuttle Publishing, 2014.

질서의 재구축

•
•
•

1. 제목

도쿠가와 시대 초기 다이묘(大名) 통제

2. 해제

武家諸法度는 1615년 도쿠가와 막부(1603~1867)의 첫 세 쇼군, 즉, 도쿠가와 이에야스(德川家康, 1543~1616), 도쿠가와 히데타다(德川秀忠, 1579~1632), 도쿠가와 이에미츠(德川家光, 1604~1651)가 연명으로 서명, 발포한 것으로, 막부측의 다이묘에 대한 통제방침을 법제화하고 있다. 이 문서의 저자는 세번째 항목에서 막부가 理보다 法이 중요하든 점을 명시, 다이묘의 義理 등 다른 어떤 개인적이나 이해할만한 사유보다 법이 상위의 규범이라는 점을 명시한다. 이 법제의 가장 두드러지는 효과는 다이묘들의 반란을 막는 것이다. 이 법제로 막부는 다이묘의 전력이 늘어나는 성곽의 신축을 금지하고 성곽의 보수조차 막부의 감독아래 두었고, 막부의 허가 없이 다이묘들이 결혼으로 사실상 동맹관계를 구축하는 것 또한 금지했다. 나아가 막부는 藩의 내정에도 적극적으로 개입, 신임하는 다이묘의 정권을 안정시키기 위해 다이묘에 도전한 반란자를 번 밖으로 추방할 것을 명문화하고, 다른 번 주민의 거주를 금했다. 또한, 각 번은 이웃 번의 감시 역할을 맡아, 결당의 조짐을 포착할 때는 막부에 보고하도록 요구받는다. 막부와 다이묘의 관계, 그리고 다이묘와 그 부하들의 관계를 바로잡으며 막부는 다이묘들에게 결국 "문무에 힘쓸 것", 사치하지 말 것, 의복과 가마에 대한 의례를 지킬 것, 그리고 인재를 능력에 맞게 발탁할 것 등, 국가 조직의 일원으로 문제없이 기능하라고 요구한다.

3. 사료

一 文武弓馬之道專可三相嗜事

左文右武、古之法也、不可不兼備矣、弓馬是武家之要樞也、号兵爲凶器、不得已而用之、治不忘亂、何不勵修錬乎

一 可制群飲佚遊事

令條所載嚴制殊重、耽好色、業博奕、是亡國之基也

一 背法度之輩、不何隱置於國々事

法是礼節之本也、以法破理、以理不破法、背法之類、其科不輕矣

一 國々大名小名幷諸給人各相抱之士卒、有爲叛逆殺害人告者、速可追出事

夫狹野心之者、爲覆國家之利器、絶二人民之鋒、刀登足允容乎

一 自今以後、國人之外、不可交置他國者事

凡因國其風是異、或以自國之密事告他國、或以他國之密事告自國、佞媚之萠也

一 諸國之居城 雖爲三修補、必可言上、況新儀之搆營堅令停止事

城過百雉、國之害也、峻壘浚隍、大亂之本也

一 於隣國企新儀結徒党者有之者、早可致言上事

人皆有党、亦少達者、是以或不順君父、或乍違、于隣里不守旧例何企

新儀乎

一 私不可締婚姻事

夫婚合者陰陽和同之道也、不可容易、睽目、匪寇、婚媾、志將通、寇

則失時、桃夭日、男女以正、婚姻以時、國無鰥民也。以緣成党、是姦

謀之本也。

一 諸大名參觀作法事

續日本紀制曰、不預公事。恣不得集已族、　京裡二十騎以上不得集行

云々、然則不可引率多勢、百万石以下二拾万石以上不可過三十騎十万

石以下可爲其相応蓋公役之時者、可隨其分限矣。

一 衣裳之料不可混雜事

君臣上下可爲各別、白綾、白小袖、紫袷、紫裏練、無紋之袖、無御免

衆、猥不可有着用近代郎從諸卒、綾羅錦繡等之飾服、非古法、甚制

焉。

一 雜人恣不可乘與事

古來依其人無御免乘家有之、御免以後乘家有之、然近來及家郎諸卒乘

輿、誠濫吹之至也、於向後者、國大名以下一門之歷々者、不及御免可

乘、其外昵近之衆、幷医陰之兩道、或六十以上之人、或病考等、御免

以後可乘之、家郎從卒戀令人乘者、其主人可爲越度、但公家門跡幷諸

出世之衆者非制限。

一。諸國諸侍可被用儉約事

富者弥誇、貧者恥不及、俗之凋弊無甚於此、所令嚴制也。

一。國主可撰政務之器用事

凡治國道在得人、明察功過、賞罰必当、國有善人、則其國弥殷、國無
善人、則其國必亡、是先哲之明誡也。

右、可相守此旨者也。

元和元年乙卯七月

- 출전: 石井良助 編, 『近世法制史料叢書』 권2, 東京, 創文社, 1959, 1-3쪽.

4. 참고문헌

朝尾直弘, 崔貞煥譯, 『日本近世史의 自立』, 대구, 慶北大學校出版部, 1993.

石井紫郎, 『近世武家思想』, 東京, 岩波書店, 1995.

1. 제목

칼사냥과 신분제도의 재구축

2. 해제

이 문서는 도요토미 히데요시(豊臣秀吉: 1537~1598)의 서명으로 1588년 발포된 刀狩令이다. 도요토미는 전국시대를 통일한 인물로, 천출이었지만 오다 노부나가(織田信長: 1534~1582)의 허드렛일을 하다가 눈에 들어, 오다 정권의 유력자로 거듭났다. 이 도수령의 핵심은 히데요시가 천하통일이 기정사실화된 시점에서 농민의 무기소유를 금지하는 것이다. 총 세 부분으로 구성된 이 문서의 첫 두 장에서, 히데요시는 무기를 몰수하고 그 무기를 불상을 건립하는 데 쓸 것이라고 선언한다. 마지막 장에서 그는 농민들이 농구를 가지고 경작에 전념한다면 자자손손 번영할 것이라고 주장하고, 이를 중국의 堯임금이 천하를 진무하고 무기를 녹여 농구를 만든 고사를 통해 이를 합리화하고 있다. 전쟁이 일상화된 전국시대 일본에서 다이묘들은 인적 물적 자원을 총동원하기 위해 때로 농민들에게도 무장을 시켜 전투에 참여하게 했는데, 통일을 목전에 둔 도요토미는 농민의 무장해제를 통해서 무사와 무사가 아닌 사람들로 이루어진 신분사회를 재구축하려고 했던 것이다.

3. 사료

刀狩の令, 1588

條々

一 諸國百姓、刀、脇指、弓、やり(槍)、てつはう(鐵砲)、其外武具のたくひ所持候事、堅御停止候、其子細者、不入道具をあたいし非儀の動をなすやから、勿論可有御成敗然者、其所之田畠令不作、知行ついえになり候之間、其國主、給人、代官として、右武具悉取あつめ、可致進上事

一 右取をかるへき刀脇指、ついえにさせらるへき儀にあらす候之間、今度大仏御建立の釘かすかひに可被仰付然者、今生之儀者不及申、來世まても百姓たすかる儀に候事

一 百姓は農具さへもち、耕作專に仕候へは、子々孫々まて長久に候、百姓御あはれみをもって、如、此被仰出候、誠國土安全万民快樂之基也、異國にては唐堯のそのかみ、天下を鎮撫せしめ、宝劍利刀を農器におちいると也、本朝にてはためしあるへからす、此旨を守り、各其趣を存知、百姓は農桑を精に入へき事

右道具急度取集、可有進上候也

天正十六年七月八日　O (秀吉朱印)

* 출전: 石井良助 編, 『近世法制史料叢書』권2, 東京, 創文社, 1959, 38쪽.

4. 참고문헌

藤木久志, 『刀狩り: 武器を封印した民衆』, 東京, 岩波書店, 2005.

Berry, Mary Elizabeth, *Hideyoshi*, Cambridge, MA: Council on East Asian
        Studies, Harvard University, 1982.

근대일본의 구상

∙
∙
∙

1. 제목

공의정치의 도입과 정변

2. 해제

사카모토 료마(坂本龍馬: 1836~1867)는 도사(土佐)번 출신의 지사, 즉, 페리 내항(1853) 이후 막부의 권위에 도전하는 반란 번들의 동맹을 조직, 메이지(明治) 신정부의 탄생을 이끈 사무라이들 중 한명이었다. 이 사료는 그가 에도로 향하던 배 위에서 신정부를 어떻게 구상했으며, 그 신정부는 해결해야할 과제는 무엇이 있었는지 보여준다. 그는 율령제를 부활시키는 형태로 천황을 중심으로 친병의 보호를 받는 신정부를 구성하고, 다른 한편으로 양원의 의회정치를 통해 주권자들의 합의로 산적한 과제를 해결할 것을 꿈꿨다. 이 신정부는 무엇보다 불평등조약에서 벗어나 외교관계를 정상화해야했고, 구미열강과 대등한 무력, 특히 해군력을 확보해야했으며, 또한 금이 은보다 저평가된 국내 금융시장의 사정상 막대한 양의 금이 해외로 유출되는 상황을 멈춰야했다. 또한, 그가 능력본위 인재등용을 요구한다는 점은 눈

여겨볼 만한데, 메이지 유신(1868) 자체가 다이묘가 아닌 중하급 사무라이들의 주도로 일어난 혁명이기 때문이다. 본래 사카모토는 鄕土, 즉 무사의 신분을 유지할 경제력이 없어 도성을 떠나 생업에 종사하는 집안 출신으로, 지도급 사무라이 집안과는 거리가 멀었다.

3. 사료

慶応三年六月十五日　薪政府綱領八等(船中八策)

一天下ノ政權ヲ朝廷二奉還セシメ政令宜シク朝　廷ヨリ出ツヘキ事

一上下議政局ヲ設ヶ議員ヲ置キテ禽機ヲ參贊セシメ葛機宜シク公議二決スヘキ事

一有材ノ公卿諸侯及天下ノ人材ヲ顧問二備ヘ官雷ヲ賜ヒ宜シク從來有名無賃ノ官ヲ除クヘキ事

一外國ノ交際慶ク公議ヲ探リ新二至富ノ規約ヲ立ツヘキ事

一古來ノ律令ヲ折衷シ新二無窮ノ大典ヲ撰定スヘキ事

一海軍宜ク漉張スヘキ事

一御親兵ヲ置キ帝都ヲ守衛セシムヘキ事

一金銀物質宜シク外國ト平均ノ法ヲ設クヘキ事

二百九十八

以上八策ハ方今天下ノ形勢ヲ察シ之ヲ宇內葛図二徴スルニ之ヲ捨テ　他二濤時ノ急務ァルヘシ萄モ此藪策ヲ斷行セバ皇運ヲ挽回シ國勢ヲ撰張シ葛園ト並立スルモ亦敢テ難シトセス伏テ願クハ公明正大ノ道理二基キ一大英斷ヲ以テ天下ト更始一新セン

- 출전: 日本史籍協會, 『坂本龍馬關係文書』. 東京, 東京大学出版会, 1997, 297-298쪽.

4. 참고문헌

坂本龍馬, 『坂本龍馬全集』, 東京, 光風社出版, 1988.

Jansen, Marius, *Sakamoto Ryoma and the Meiji Restoration*, Princeton: Princeton University Press, 1961.

• • •

1. 제목

畜妾관행에 대한 지식인의 도전

2. 해제

이 사료는 문부대신의 자리에 오르는 모리 아리노리(森有礼: 1847～
1889)가 발표한 "처첩론"이라는 논설의 일부이다. 이 사료가 게재된
『明六雜誌』는 미국에서 교육제도를 시찰하고 돌아온 모리와 의기투
합한 지식인들이 메이지 6년(1873)에 창간한 잡지로, 1870년대 모리
등 일본의 문명개화 사상가들이 명치유신 이후 일본의 새로운 문화
를 구상하는 거점과도 같은 곳이었다. 이 글에서 모리는 부부관계가
결국 국가의 위신과 직결되는 중대문제라고 지적하고, 당시 일본 부
부관계의 부조리를 비판한다. 모리에 의하면 부부는 서로에 대한 권
리와 의무로 묶인 관계이다. 남편은 아내에게 부조를 요구할 권리가
있으나, 아내는 남편에 부양을 요구할 권리가 있다. 일본에서는 남편
이 첩을 들이고 편애하며 아내를 부양할 의무를 등한시하는데, 모리
는 이를 일본의 개명을 가로막는 악습으로 규정한다. 여전히 모리는
여성의 역할을 남성의 보조로 상정한다는 점에서 양대전간기(1919～
1939) 여성주의자들과 다르다. 그러나 축첩제도를 국가의 위신, 나아
가 문명개화의 이상과 직결된 문제로 토론한다는 점에서, 모리는 도
쿠가와 시대 사상가들과도 구별된다.

모리는 구미의 결혼제도를 문명개화의 모델로 상정하는데, 흥미로운 점은 그가 이 과정에서 일본의 양자제도를 비판한다는 점이다. 모리는 본처에게서 출생하지 않은 사람이 남편의 상속인이 될 수 있도록 한 양자제도가 본처의 권리를 약화시키는 악습이라고 공격한다. 구미열국에서는 "혈통을 중시하며 양자제도를 인정하지 않는다"고 지적하고, 이 관행에 본처의 권리를 지키는 도덕적 권위를 부여하고 있는 것이다. 이 글에서 모리는 과연 당시 구미열국에서 축첩관행이 없었는지 질문하지 않는다. 모리의 마음속에서 이상화된 구미의 가족제도는 "과거"에 갇혀있는 일본사회가 나아가야할 "미래"이다.

3. 사료

妻妾論の一

夫婦の交は人倫の大本なり。その本立てしかして道行わる。　道行われてしかして國はじめて堅立す。人婚すればすなわち權利・義務その間に生じ、互に相凌ぐを得ず。何をか權利とし、何をか義務とす。その相扶け、相保つの道をいうなり。すなわち夫は扶助を妻に要するの權利を有し、また妻を支保するの義務を負う。しかして妻は支保を夫に要するの權利を有し、また夫を扶助するの義務を負う。いやしくもこの理に據り婚交せざる者は、いまだ人間の婚交と目すべからざるなり。今、我那婚交の習俗を視るに、夫ほしいままに妻を役使して、その意に充たざるがごとき、任意にこれを去るとも、國法かつてこれを律せず。これをもって、權利・義務その間に行わるを得ず。名は夫婦たりといえども、その實を距る　甚

だ遠し。ゆえに余あえて謂う、我邦人倫の大本いまだ立ず、と。

従來婚法に數種あり。媒を用いて婚する者を夫婦と称し、その婦を妻と目す。媒を用いずして婚する者を妾と名づく。あるいは妻のほか、一妾あるいは數妾を婚する者あり。あるいは妾を轉じて妻となす者あり。妻妾併居するあり。またこれを別にし妻を疎じて妾を親む者あり。しかして夫妻の婚はおのおのその父母の協議に成り、あるいはただその許諾を要するあり。夫妾の婚は夫たる者の專決と妾家の承諾とに成る。あるいは金若干を妾家に附してこれを得るあり。これをうけだしという。すなわち金若干をもってこれを買い受るの義なり。およそその妾たる者は、おおむね芸妓・遊女の類にして、これを娶る者はすべて貴族・富人に係るゆえに、貴族・富人の家系は買女によりて存るもの多し。妻妾併居するや、その交際あるいは主從のごとしといえども、夫つねに妾を偏愛するにより、妻妾こもごも妨害、つねに警視するに至る。ゆえに妻妾あるいは數妾ある者は散じてこれを別所に置き、己れまずその溺愛するところの者とともに居り、その醜行を恣にすること多し。はなはだしきは妾を婚するを榮とし、これをなさざる者を辱むるの風あり。國法妻妾を同視し、またその生子の權理を平等にす。ゆえに余、今ここに我邦人倫の大本いまだ立たざるを弁じ、その風俗を害い、開明を妨ぐるの狀は、他日またこれを論ぜんと欲す。

● 출전: 山室信一・中野目徹 校注,『明六雑誌』上, 東京, 岩波書店, 1999, 276－278쪽.

妻妾論の二

血統を正するは歐米諸州の通習にして、倫理の因てもって立つところな

り。亞細亞諸邦においては必しも然らず。ことにわが國のごとき、血統を轉ずる、そのもっとも甚だしき者なり。これをもって夫妻婚交の道行われず、したがいて倫理の何物たるを解せざるに至る。ゆえに余、今ここにその血統　を輕ずるの一端を擧げて、その弊を云わん。●從來我那の習俗、家系を一種の株と看做し、もし子孫のこれを継ぐべきもの無きは、他族の者といえども、迎えてこれを嗣がしむるあり。これを名けて養子制度という。また、もし女子あればこれに男子を迎えて配偶せしめ、その家系を継がしむるあり。これを婿養子制度という。婿養子と舅姑との姻縁を、國法にて親子と認む。ゆえに婿養子の舅姑に對する、なお實親におけるがごとくし、舅姑のこれに接するも、また實子に對するに異なるべからざるの者とす。これによりてこれを云えば、　すなわちその配偶は兄妹の縁にあたる。それ兄妹に婚交するを許すの國法は、いまだ倫理を重じて立つところのものというべからず。もしそれ、女子の血統を認め、これをしてその家系を継ぐことを得せしむるにおいては、婿養子の制度や、あるいは妨げあらざるべし。しかれども國法これを認めざるにより、ひとしく養子の制度とともにその家系を斷るのなり。

またここに、血統を重ぜざるより、倫理明らかならざる一例を示さん。たとえば今、妻に生子なく、かえって妾腹に生ずるときは、妾腹の子をしてその家系を嗣がしむるを常例とす。しかりといえども、妻は依然としてその本位を占め、妾もまた安じて妾位に居る。しかりしこうして、嗣子は無縁なる父の妻を認めてその母と仰ぎ、かえって實母に對する、あたかも乳母におけるがごとくす。その認むるところの母は養母に似たるも、その實甚だこれと異なり、これをもって内に居ては、親子愛敬の情義に通ぜず、

外に處しては世交快樂の眞味を知らず、人間の幸福また、何物たるを解せざるに至る。かの異族の子を迎えて養子となすは、あるいは恥と思わざるも、その夫の妾によりて得たるところの者を無理にその子と認むるに至ては、まことに無情非義の甚きものというべし。そもそも夫妻の間、血脈の縁あるにあらざれば、妾腹の子、その父の妻に縁なきは、言を待たざるなり。その妻たる者、無縁の者をその子と認むる、もとより甘心これをなすにあらず。いわんやその使役に供せる婢類の腹に生ぜる者を、強いてその子と認めしむるをや。

すでに妾腹の子をして家系を嗣ぐを得せしむるときは、婢腹の子あるいはほか私通の子のわが妻婢の腹に生ずるを誤てわが子と認め、これをして家系を嗣がしむるも、國法あえてこれを制することあるべからず。余前會に、夫妻の間、その權利・義務行われざれば、夫妻の婚交有名無實に屬するを弁ず。今や妻、妾、婢あるいは私通によりて生ずるところの者といえども、ひとしく家系を嗣ぐを得るとせば、夫妻の名義もまた存するを得ず。しかればすなわち、我邦夫妻の交義は、ただにその實なきのみならず、その名もまたあるなし。すでに夫妻の名と實となければ、すなわち親子・兄弟・姉妹・親戚の緣義もまた、あにその間に存するを得べけんや。

- 出전: 山室信一・中野目徹 校注,『明六雑誌』中, 東京, 岩波書店, 1999, 366-368쪽.

4. 참고문헌

Braisted William R., trans., *Meiroku Zasshi, Journal of the Japanese*

Enlightenment, Tokyo: University of Tokyo Press, 1976.

Hall, Ian Parker, *Mori Arinori*, Cambridge, MA: Harvard University Press, 1973.

근대일본의 대외관계와 사회질서

. . .

1. 제목

> **대동아공영권의 구상**

2. 해제

대동아열국 공동선언은 1943년 도쿄(東京)에서 소집된 대동아회의 석상에서 일본, 만주국, 남경괴뢰정부, 태국, 버마, 필리핀 대표가 서 명한 선언서이다. 제1차 세계대전(1914~1918) 이후 파리 강화회의와 베르사유 조약(이상 1919), 국제연맹(1920), 워싱턴 군축회의(1921~1922) 등 다자기구가 생겨나고 다른 나라의 영토를 무력으로 병합하는 것 이 규범적으로 용납되지 않게 되자, 일본은 1930년대 이후에 점령한 곳에서 독립국의 형태로 괴뢰국을 만들거나, 현지의 정부를 그대로 인정했다. 동남아시아에서 구미열강을 몰아내고 아시아 태평양전쟁 을 시작했을 때 일본정부는 광대한 영역을 지배 아래 두게 되었는데, 당시 일본제국은 대만과 조선의 직접 식민지, 만주국과 남경정부의 괴뢰국, 그리고 동남아시아의 독립국으로 구성된 복합제국이 되었 다. 일본의 지도자들은 이 지배를 합리화하기 위해 "대동아공영"을

기치로 내걸고 아시아에서 구미제국주의를 몰아내는 데서 지배의 명
분을 찾았다. 이 선언에서 일본 정부의 편에선 동아시아의 지도자들
은 미국과 영국의 동아시아 식민통치를 비난하고, 인종차별의 철폐
에 힘쓸 것을 다짐하고 있다. 그러나, 이 선언에서 일본의 이 지역에
서 누리는 경제적, 군사적 지배는 누락되어 있으며, 영미의 제국주의
에 반대한다는 것 외에 동아시아의 새로운 국제질서가 어떻게 구체
화될 수 있을지에 대해서는 명시하고 있지 않다.

3. 사료

Joint Declaration of the Assembly of Greater East Asiatic Nations,
1943

It is the basic principle for the establishment of world peace that
the nations of the world have each its proper place and enjoy
prosperity in common through mutual aid and assistance. The
United States of America and the British Empire have in seeking
their own prosperity oppressed other nations and peoples.
Especially in East Asia they indulged in insatiable aggression and
exploitation and sought to satisfy their inordinate ambition of
enslaving the entire region, and finally they came to menace
seriously the stability of East Asia. Herein lies the cause of the
present war.

The countries of Greater East Asia, with a view to contributing to
the cause of world peace, undertake to cooperate toward prosecuting

the War of Greater East Asia to a successful conclusion, liberating their region from the yoke of British-American domination and assuring their self-existence and self-defense and in constructing a Greater East Asia in accordance with the following principles :

I. The countries of Greater East Asia, through mutual cooperation will ensure the stability of their region and construct an order of common prosperity and well-being based upon justice.

II. The countries of Greater East Asia ensure the fraternity of nations in their region, by respecting one another's sovereignty and independence and practicing mutual assistance and amity.

III. The countries of Greater East Asia, by respecting one another's traditions and developing the creative faculties of each race, will enhance the culture and civilization of Greater East Asia.

IV. The countries of Greater East Asia will endeavor to accelerate their economic development through close cooperation upon a basis of reciprocity and to promote thereby the general reciprocity of their region.

V. The countries of Greater East Asia will cultivate friendly relations with all the countries of the world and work for the abolition of racial discrimination, the promotion of cultural intercourse, and the opening of resources throughout the world and contribute thereby to the progress of mankind.

- 출전: Japanese Ministry of Greater East Asia, *Addresses before the Assembly of Greater East Asiatic Nations*, Tokyo, 1943, pp. 63-65.

4. 참고문헌

小林英夫, 『「大東亞共榮圈」の形成と崩壞』, 東京, 御茶の水書房, 2006.

Lebra, Joyce Chapman, *Japan's Greater East Asia Co-prosperity Sphere in World War II: Selected readings and documents*, Oxford: Oxford University Press, 1975.

Yallen, Jeremy, *The Greater East Asia Co-Prosperity Sphere: When Total Empire Met Total War*, Ithaca: Cornell University Press, 2019.

1. 제목

무사신분의 재발명

2. 해제

니토베 이나조(新渡戸稲造, 1862~1933)는 근대일본의 사상가이자 교육자로, 이 책『무사도: 일본의 혼』은 그가 미국에 체재하던 중 영어로 집필한 "무사도"에 대한 소개서이다. 일본이 러일전쟁(1904~1905)에서 승리하자, 이 책은 구미 독자들에게 폭발적인 인기를 누리게 되었다. 이 책에서 니토베는 무사도를, 그 자신이 근대 서구의 정신적 기반으로 상정한 기사도에 비견되는, 일본의 정신적 기반으로 격상시킨다. 그 과정에서 니토베는 무사도를 무사라는 특정신분을 초월한 일본인 전체의 도덕적 잣대로 재발명했다. 이 점에서 니토베의 무사도론은 도쿠가와 시대의 무사에 대한 저술들과는 큰 차이를 보인다. 예를 들어, 도쿠가와 시대『하가쿠레』의 저자가 무사도를 죽음 혹은 그에 대한 태도와 연결짓는데 반해, 니토베는 상대적으로 흔했던 무사의 자살을 그의 무사도론에서는 최대한 의미를 축소하는 대신, 니토베는 무사도를 민주주의와 능력주의와 결부시킨다.

3. 사료

How the spirit of Bushido permeated all social classes is also shown in the development of a certain order of men, known as otoko-date, the natural leaders of democracy. Staunch fellows were they, every inch of them strong with the strength of massive manhood. At once the spokesmen and the guardians of popular rights, they had each a following of hundreds and thousands of souls who proffered, in the same fashion that samurai did to daimio, the willing service of "limb and life, of body, chattels, and earthly honour." Backed by a vast multitude of rash and impetuous working men, these born "bosses" formed a formidable check to the rampancy of the two-sworded order.

In manifold ways has Bushido filtered down from the social class where it originated, and acted as leaven among the masses, furnishing a moral standard for the whole people. The Precepts of Knighthood, begun at first as the glory of the elite, became in time an aspiration and inspiration to the nation at large.

......

Have you seen in your tour of Japan many a young man with unkempt hair, dressed in shabbiest garb, carrying in his hand a large cane or a book, stalking about the streets with an air of utter indifference to mundane things? He is the shosei (student), to whom the earth is too small and the heavens are not high enough. He has his own theories of the universe and of life. He dwells in castles of air and feeds on ethereal words of wisdom. In his eyes beams the fire of ambition; his mind is athirst for knowledge. Penury is only a stimulus to drive him onward; worldy goods are in his sight shackles to his character. He is the repository of loyalty and patriotism. He is the self-imposed guardian of national honour. With all his virtues and his faults, he is the last fragment of Bushido.

- 출전: Inazo Nitobe, *Bushido: Soul of Japan*, London, Simpkin, Marshall & Co., 1901, pp.163-164, p.177.

4. 참고문헌

新渡戸稲造, 『新渡戸稲造全集』, 東京, 敎文館, 2001.

Benesch, Oleg, *Inventing the way of the samurai: nationalism, internationalism, and bushido in modern Japan*, Oxford: Oxford University Press, 2016.

유럽

잉글랜드의 정치적 갈등과 화합

●
●
●

1. 제목

스티븐과 마틸다의 잉글랜드 왕위 논쟁

2. 해제

1135년 잉글랜드 왕 헨리 1세(Henry I, 재위 1100~1135)가 사망할 당시 왕위를 계승할 적자가 존재하지 않았다. 정실부인과의 사이에서 아들 윌리엄(William the Aetheling, 1103~1120)과 딸 마틸다(Matilda, 1102~1167)를 두었으나 윌리엄이 일찍 죽었기 때문이었다. 왕위 계승 문제는 헨리 1세가 살아생전부터 고민했던 부분이었다. 그는 자신의 딸 마틸다가 왕위를 계승하길 원했다. 그러나 그의 사후 왕위는 외조카이자 프랑스 블루아의 백작인 스티븐(Stephen, 재위 1135~1154)에게 넘어갔다. 마틸다는 스티븐의 왕위 계승을 인정하지 않았다. 그녀는 동조 세력을 규합하여, 잉글랜드의 왕좌를 두고 스티븐과 충돌했다. 두 세력 간의 갈등은 1153년 스티븐이 마틸다의 아들인 헨리[후에 헨리 2세(Henry II, 재위 1154~1189)가 됨]를 자신의 승계자로 선언할 때까지 지속되었다.

이 사료는 스티븐과 마틸다 두 세력 사이의 갈등을 보여주는 것으로, William's Historia rerum Anglicarum(The History of English Affairs)에 수록되어 있다. 이 연대기는 뉴버그(Newburgh) 수도원 소속의 수도승이자 연대기 작가인 윌리엄(William, 1198년경 몰)이 작성한 것으로 1066년부터 1198년까지의 잉글랜드 역사를 포함한다.

3. 사료

Chapter 7 : How Stephen lost his royal authority, together with Normandy
……

After a few days had elapsed, the empress Matilda, daughter of king Henry, came into England, and excited the compunction of many of the nobility, when they remembered the oath of succession which they had formerly taken to her; while others, from their own feelings, had little dread at opposing king Stephen. Thus was the kingdom divided, some favoring and assisting the king, others the empress; and the divine saying was fulfilled "Every kingdom divided against itself is brought to desolation." [Luke 11:17] Thus England was by degrees so ravaged and wasted by hostile incursions on all sides, by rapine and by fire, that, from being the most flourishing, she now appeared the most desolate of kingdoms. All terror of regal dignity, all force of public discipline, had already vanished; and the fear of the law being removed, outrage and licentiousness roamed side by side. Evils were daily multiplying, the music of the church was turned into mourning, and the people bewailed their accumulated losses. Such being the posture of affairs in England, the count of Anjou overran Normandy with an army, and in a short space of time reduced it, in the name of his wife and son; no one opposing him who were competent to withstand his attacks. For he had wisely concerted with the king of France, who appeared to be in league with king Stephen, that no impediment on that side should arise to counteract the success of his designs.

Chapter 8 : The capture of King Stephen at Lincoln

......

In the sixth year of his reign, king Stephen laid siege to the castle of Lincoln, which Ranulph, earl of Chester, had entered by stratagem, and still possessed; and the siege was protracted from Christmas to the Presentation of our Lord. To raise the siege, the earl brought with him the earl of Gloucester (natural son of king Henry), his father-in-law, and some other very intrepid nobles, with considerable forces, and announced to the king, that unless he should desist, they would attack him. The king, however, being aware of their arrival, had collected troops on all sides; and, disposing them without the city to receive their opponents, he prepared for the battle with perfect confidence; for he was himself a most courageous warrior, and was supported by superior numbers. In addition to this, the opposing army, wearied with a long winter's march, seemed more in need of rest to recruit its vigor, than calculated to encounter the perils of war. Still, however, though inferior in numbers and equipment, yet excelling in courage alone, and aware that, such a distance from home, there could be no place of refuge in a hostile country, they rushed undauntedly to the conflict. Having dismounted, the king himself, with his company, ranged his cavalry in the vanguard, to give or to receive the first assault; but it being vanquished and put to flight by the first charge of the enemy's horse, the whole brunt of the battle fell upon the division in which was the king. Here the conflict raged most desperately, the king himself fighting very courageously amid the foremost; at length being captured, and his company dispersed, the victorious army triumphantly entered the city to plunder, while the royal captive was sent to the empress, and committed to custody at Bristol.

- 출전: William of Newburgh, *The History of English Affairs*, ed., and trans., P. G. Walsh and M. J. Kennedy (Warminster, Wiltshire: Aris, 1988).

4. 참고문헌

Barlow, Frank, *The Feudal Kingdom of England*, 1042–1216 (5th ed.), London: Routledge, 1999.

King, Edmund, *King Stephen*, New Haven, CT: Yale University Press, 2010.

White, Graeme J, eds., *King Stephen's Reign*, 1135-1154, Woodbridge: Boydell Press, 2008.

1. 제목

대헌장(Magna Carta, 1215)

2. 해제

'대헌장'은 잉글랜드 왕 존(King John, 재위 1199~1216)과 귀족들 사이의 갈등을 해결하기 위해 1215년에 체결된 일종의 평화 조약이다. 13세기 초 지식인 계층에서는, 군주는 '법'과 '관습' 그리고 자문단의 조언에 따라 왕국을 통치해야 한다는 생각이 팽배했다. 그러나 군주들의 생각은 달랐다. 존을 비롯하여 그의 선대왕들은 군주는 '법' 위에 군림한다는 생각에 근거하여 왕국의 중대한 사안을 독단적으로 결정하곤 했다. 특히 존의 경우가 그러했다. 그는 임의로 귀족들에게 많은 세금을 부과했다. 선대로부터 물려받은, 그러나 자신이 프랑스 왕에게 빼앗긴 영지를 되찾기 위해 전쟁 자금이 필요했기 때문이다. 전쟁의 패배로 이미 왕을 신뢰하지 못했던 귀족들은 과도한 세금이 추가로 부과되자 왕에게 반발하여 반란을 일으켰다. 대헌장은 존과 반란을 일으킨 귀족들 간의 대립을 해결하기 위해 체결된 조약이다. 이 사료는 대헌장의 일부이다.

3. 사료

KNOW THAT BEFORE GOD, for the health of our soul and those of our ancestors and heirs, to the honour of God, the exaltation of the holy Church, and the better ordering of our kingdom, at the advice of our reverend fathers Stephen, archbishop of Canterbury, primate of all England, and cardinal of the holy Roman Church, Henry archbishop of Dublin, William bishop of London, Peter bishop of Winchester, Jocelin bishop of Bath and Glastonbury, Hugh bishop of Lincoln, Walter bishop of Worcester, William bishop of Coventry, Benedict bishop of Rochester, Master Pandulf subdeacon and member of the papal household, Brother Aymeric master of the knighthood of the Temple in England, William Marshal earl of Pembroke, William earl of Salisbury, William earl of Warren, William earl of Arundel, Alan of Galloway constable of Scotland, Warin fitz Gerald, Peter fitz Herbert, Hubert de Burgh seneschal of Poitou, Hugh de Neville, Matthew fitz Herbert, Thomas Basset, Alan Basset, Philip Daubeny, Robert de Roppeley, John Marshal, John fitz Hugh, and other loyal subjects:

(1) FIRST, THAT WE HAVE GRANTED TO GOD, and by this present charter have confirmed for us and our heirs in perpetuity, that the English Church shall be free, and shall have its rights undiminished, and its liberties unimpaired. That we wish this so to be observed, appears from the fact that of our own free will, before

the outbreak of the present dispute between us and our barons, we granted and confirmed by charter the freedom of the Church's elections — a right reckoned to be of the greatest necessity and importance to it — and caused this to be confirmed by Pope Innocent III. This freedom we shall observe ourselves, and desire to be observed in good faith by our heirs in perpetuity. TO ALL FREE MEN OF OUR KINGDOM we have also granted, for us and our heirs for ever, all the liberties written out below, to have and to keep for them and their heirs, of us and our heirs:

(12) No 'scutage' or 'aid' may be levied in our kingdom without its general consent, unless it is for the ransom of our person, to make our eldest son a knight, and (once) to marry our eldest daughter. For these purposes only a reasonable 'aid' may be levied. 'Aids' from the city of London are to be treated similarly.

(13) The city of London shall enjoy all its ancient liberties and free customs, both by land and by water. We also will and grant that all other cities, boroughs, towns, and ports shall enjoy all their liberties and free customs.

(29) No constable may compel a knight to pay money for castle-guard if the knight is willing to undertake the guard in person, or with reasonable excuse to supply some other fit man to do it. A knight taken or sent on military service shall be excused from castle-guard for the period of this service.

(39) No free man shall be seized or imprisoned, or stripped of his rights or possessions, or outlawed or exiled, or deprived of his standing in any way, nor will we proceed with force against him, or send others to do so, except by the lawful judgment of his equals or by the law of the land.

(40) To no one will we sell, to no one deny or delay right or justice.

(61) SINCE WE HAVE GRANTED ALL THESE THINGS for God, for the better ordering of our kingdom, and to allay the discord that has arisen between us and our barons, and since we desire that they shall be enjoyed in their entirety, with lasting strength, for ever, we give and grant to the barons the following security:

- 출전: G. R. C., Davis, *Magna Carta*, Revised Edition, London: British Library, 1989.

4. 참고문헌

Carpenter, David, *Magna Carta*, London: Penguin Classics, 2015.

Jones, Dan, *Magna Carta*, London: Head of Zeus, 2014.

Vincent, Nicholas, *Magna Carta: A Very Short Introduction*, Oxford: Oxford University Press, 2012.

경제적 갈등과 통합

.
.
.

1. 제목

직공 길드 폐쇄령(John, King of England: Grant to London Abolishing the Weavers' Gild, 1202)

2. 해제

중세 시대 도시의 발전은 봉건·장원 체제와 병행할 수 없었다. 예컨대 봉건·장원 체제에서 도시의 수공업자와 상인들의 활동은 제약받을 수밖에 없었다. 상업 활동을 위해 자유로운 이동이 필수적인 상인들은 봉건·장원 체제하에서 이동의 자유가 허락되지 않았고, 수공업자와 상인들이 축적한 잉여 자본은 봉건 영주에 의해 몰수되기 쉬운 상황이었기 때문이다. 따라서 도시는 국왕으로부터 자치권을 구입함으로서 봉건·장원 체제로부터 자유로워질 수 있었다.

한편 중세 도시에는 대표적으로 두 가지 형태의 길드, 즉 상인 길드과 직인 길드가 존재했다. 길드는 구성원들의 권익 보호와 경제적 이익을 목표로 했다. 길드의 결성은 구성원들의 자치적인 활동에 따른 것이었으나 국왕이나 지역의 유력자로부터 획득하는 경우

도 있었다. 특히 '특권'을 획득하기 위해서 길드는 그 특권과 경제
적으로 이해관계에 있는, 즉 국왕 혹은 지역 유력자의 허락이 필수
적이었다. 그러나 길드와 국왕(혹은 유력자) 사이의 이해관계가 충돌
했을 때는 부여했던 특권을 몰수하거나 심지어 길드를 해산시키기
도 했다. 이 사료는 잉글랜드 국왕이 직공 길드의 폐쇄를 명령한
것이다.

3. 사료

The gild of weavers in London had charters from King Henry I
and King Henry II. Apparently the members of this gild were
foreigners who had aroused the jealousy of the citizens of
London. King John in his perfidy took heavy payments from the
citizens to suppress the alien gild, but also took payments from
the weavers to be allowed to remain. The weavers of London at
this time also acted as merchants, and disposed of their goods as
they pleased.

Know ye that at the petition of our Mayor and citizens of London
we have granted, and by this present charter confirmed, that the
Weavers' Guild shall not exist henceforth in our City of London, nor
shall it on any account be revived.

But because we have been wont to receive yearly eighteen marks
of silver from that Weavers' Guild, the aforesaid citizens shall pay
every year to us and our heirs twenty marks of silver at the feast

of St. Michael at our Exchequer.

- 출전: T. R. Davies, ed., *Documents Illustrating the History of Civilization in Medieval England*, New York: E. P. Dutton, 1922, p. 115, reprinted in Roy C. Cave and Herbert H. Coulson, *A Source Book for Medieval Economic History*, Milwaukee: The Bruce Publishing Co., 1936; reprinted., New York: Biblo & Tannen, 1965, p. 242.

4. 참고문헌

Epstein, Steven A, *Wage Labor and Guilds in Medieval Europe*, Chapel Hill, NC: University North Carolina Press, 1995.

Ogilvie, Sheilagh, *The European Guilds: An Economic Analysis*, Princeton, NJ: Princeton University Press, 2019.

● ● ●

1. 제목

구호소에 경제적 지원(Cartulary of Saint Trond: A Grant of Goods
and Revenues to a Hospital for the Poor, 1200)

2. 해제

중세 구호소(hospital)는 근대식 병원과는 달랐다. 근대 병원이 환자를
진단하고 치료하는 의료 행위를 위한 공간이라면 중세 구호소는 의
료 행위보다는 가난한 자와 병든 자를 보살피는 역할을 주로 맡았
다. 중세 구호소는 주로 종교 기관이 설립하고 운영했다. 사랑과 자
비를 베풀라는 기독교의 근본정신에 바탕을 둔 것이었다. 구호소를
운영하기 위해서는 경제적 지원이 필요했는데, 귀족들이나 종교 기
관이 후원했다.

이 사료는 생트롱(St. Trond) 수도원의 문헌대장에 수록된 것으로, 구
호소 지원을 위해 이곳의 수도원장이 수도원 인근에 위치한 토지를
구호소에 제공한다는 내용이다.

3. 사료

Thomas, by divine consent Abbot, and the whole community of the
abbey of Saint-Trond, to all seeing these presents, greeting in the

Lord forever. Taking into consideration the inconvenience arising from the hospital for the sick being on our domain, and seeing the usefulness of the hospital situated in the main street of Stapel, on the advice of honest men, and with the permission of the Lord Bishop James of Palestrina, legate of the apostolic see, we have made the following change, namely, we have assigned to the hospice situated in Stapel, six bonniers of land, of which four lie next to our cultivated land near Schuerhoven, and two in another part lying opposite. From this there is paid annually to us five pence as tax from each bonnier. Moreover, we grant whatever interest we have in the mill of Stayen to the same house, with this condition, that it be expected to pay annually to us five Liège solidi for the upkeep of the poor to the number of forty. We grant also to the brethren the right to build a chapel in that place, where divine offices may be celebrated, and they may elect a priest from among themselves. He who is elected shall be presented to the abbot; if he be suitable the abbot will approve of him. This priest shall administer to the brethren, and to the sick in that place, all the sacraments of the church and extreme unction. The priest of Holy Sepulcher church shall bury those who die. We desire that these things shall not be to the prejudice of the church of Holy Sepulcher and that all things be granted forever. Whatever the said house is known to have from Lord Wirch of the village of Planken in taxes or rents or other payments shall be paid to our monastery in recompense perpetually. We shall remain as true patron of the said hospice, just as we have been, and it will be always under our protection. Witnesses, etc.

- 출전: C. Piot, ed., *Cartulaire de l'Abbaye de Saint-Trond*, Brussels: Academie Royale de Belgique, 1870, p. 202; reprinted in Roy C. Cave and Herbert H. Coulson, *A Source Book for Medieval Economic History*, Milwaukee: The Bruce Publishing Co., 1936; reprinted., New York: Biblo & Tannen, 1965, pp. 321-322.

4. 참고문헌

Bowers, Barbara S., ed., *The Medieval Hospital and Medical Practice*, London, Routledge, 2017.

Prescott, Elizabeth, *The English Medieval Hospital*, London: Batsford Ltd, 1992.

Rawcliffe, Carole, *Medicine for the Soul: The Life, Death and Resurrection of an English Medieval Hospital*, Stroud, Gloucestershire: Sutton Publishing Ltd, 1999.

사회 갈등과 통합

.
.
.

1. 제목

자크리의 난(Jean Froissart: on the Jacquerie, 1358)

2. 해제

'자크리의 난'은 1358년 프랑스 북부에서 일어난 농민 봉기이다. 이
때의 봉기를 '자크리의 난'이라고 칭하는 이유는 당시 귀족들이 농민
들이 입었던 옷을 '자크'라고 불렀기 때문이라는 의견과 봉기를 이끌
었던 '자크 본옴(Jacques Bonhomme, 1358년 사망)'의 이름을 딴 것이라는
견해가 있다. 봉기가 일어난 1350년대는 흑사병이 휩쓸고 간지 얼마
되지 않은 시점이었고, 프랑스와 잉글랜드가 이른바 '백년 전쟁'이라
고 불리는 전쟁을 치르고 있던 시기였다. 흑사병 창궐의 여파로 농
민들의 삶은 그렇지 않아도 피폐했는데, 백년 전쟁 수행을 위해서
프랑스 왕실은 농민들에게 더 많은 세금을 부과했다. 농민들의 불만
이 폭발하였고, 그 결과 자크리의 난이라고 불리는 농민 봉기가 일
어났다.

이 사료는 유럽 저지대 출신의 저술가 장 프로이사르(Jean Froissart,

1337~1400)가 남긴 연대기에 수록되어 있다. 이 연대기는 1326년 잉글랜드 왕 에드워드 2세(Edward II, 재위 1307~1327)가 양위했던 시기부터 1400년까지 서유럽, 특히 주로 잉글랜드, 프랑스, 스코틀랜드, 저지대, 이베리아반도에서 일어났던 사건들을 기록했다.

3. 사료

Anon after the deliverance of the king of Navarre there began a marvellous tribulation in the realm of France, as in Beauvoisin, in Brie, on the river of Marne, in Laonnois, and about Soissons. For certain people of the common villages, without any head or ruler, assembled together in Beauvoisin. In the beginning they passed not a hundred in number they said how the noblemen of the realm of France, knights and squires, shamed the realm, and that it should be a great wealth to destroy them all: and each of them said it was true, and said all with one voice: "Shame have he that cloth not his power to destroy all the gentlemen of the realm!"

Thus they gathered together without any other counsel, and without any armour saving with staves and knives, and so went to the house of a knight dwelling thereby, and brake up his house and slew the knight and the lady and all his children great and small and brent his house. And they then went to another castle, and took the knight thereof and bound him fast to a stake, and then violated his wife and his daughter before his face and then slew the lady and his daughter and all his other children, and then slew the knight by great torment and burnt and beat down the castle. And so they did to divers other castles and good houses; and they multiplied so that they were a six thousand, and ever as they went forward they increased, for such like as they were fell ever to them, so that every gentleman fled from them and took their wives and children with them, and fled ten or twenty leagues off to be in surety, and left their house void and their goods therein. These mischievous people thus assembled without captain or armour robbed, brent and slew all gentlemen that they could lay hands on, and forced and ravished ladies and damosels, and did such shameful deeds that no human creature ought to think on any such, and he that did most mischief was most praised with them and greatest master. I dare not write the horrible deeds that they did to ladies and damosels; among other they slew a knight and after did put him on a broach and roasted him at the fire in the sight of the lady his wife and his children; and after the lady had been enforced and ravished with a ten or twelve, they made her perforce to eat of her husband and after made her to die an evil death and all her children. They made among them a king, one of Clermont in Beauvoisin: they chose him that was the most ungraciousest of all other and they called him king Jaques Goodman, and so thereby they were called companions of the jaquery. They destroyed and brent in the country of Beauvoisin about Corbie, and Amiens and Montdidier more than threescore good houses and strong castles. In like manner these unhappy people were in Brie and Artois, so that all the ladies, knights and squires of that country were fain to fly away to Meaux in Brie, as well the duchess of Normandy and the duchess of Orleans as divers other ladies and damosels, or else they had been violated and after murdered. Also there were a certain of the same ungracious people between Paris and Noyon and between Paris and Soissons, and all about in the land of Coucy, in the country of Valois, in the bishopric of Laon, Nyon and Soissons. There were brent and destroyed more than a hundred castles and good houses of knights and squires in that country.

- 출전: G. C. Macauly, ed., *The Chronicles of Froissart*, trans., Lord Berners, London: Macmillan and Co., 1904, pp. 136-137.

4. 참고문헌

Cohn, Samuel K., Jr., *Popular Protest in Late-Medieval Europe: Italy, France and Flanders*, Manchester: Manchester University Press, 2005.

Cohn, Samuel K., Jr., *Popular Protest in Late Medieval English Towns*, Cambridge: Cambridge University Press, 2012.

● ● ●

1. 제목

유대인에 대한 관용(Innocent Ⅲ : Constitution for the
Jews-toleration, 1199)

2. 해제

로마 시대 이래로 유럽의 여러 지역으로 이산되었던 유대인들은 중
세 기독교 세계에서 기독교인들과 함께 살았다. 유대인들은 자신들
의 종교와 전통을 고수하고자 했고, 이것이 기독교도들과의 갈등을
유발했다. 특히 유대인에 대한 개종이 강제되던 시기에 갈등의 골은
더욱 깊어졌다. 유대인들은 수적으로나 권력의 측면으로나 서유럽
기독교 사회에서 소수자일 수밖에 없었으나 기독교 사회가 그들에게
늘 핍박만을 가한 것은 아니었다. 교황이 나서서 유대인들에게 관대
해질 것을 호소하기도 했다.
이 사료는 1199년 교황 이노첸티우스 3세(Innocent III, 재위 1198~1216)
가 공포한 것으로 유대인에 대한 기독교 사회의 관용을 강조했다.

3. 사료

Although in many ways the disbelief of the Jews must be reproved,
since nevertheless through them our own faith is truly proved, they

mustnot be oppressed grievously by the faithful as the prophet says: "Do not slay them, lest these be forgetful of Thy Law," [Ps. 58 (59):12] as if he were saying more openly: "Do not wipe out the Jews completely, lest perhaps Christians might be able to forget Thy Law, which the former, although not understanding it, present in their books to those who do understand it."

Just as, therefore there ought not to be license for the Jews to presume to go beyond what is permitted them by law in their synagogues, so in those which have been conceded to them, they ought to suffer no prejudice. These men, therefore, since they wish rather to go on in their own hardness than to know the revelations of the prophets and the mysteries of the Law, and to come to a knowledge of the Christian faith, still, since they beseech the help of Our defense, We, out of the meekness proper to Christian piety, and keeping in the footprints of Our predecessors of happy memory, the Roman Pontiffs Calixtus, Eugene, Alexander, Clement, and Celestine, admit their petition, and We grant them the buckler of Our protection.

For we make the law that no Christian compel them, unwilling or refusing, by violence to come to baptism. But if any one of them should spontaneously, and for the sake of faith, fly to the Christians, once his choice has become evident, let him be made a Christian without any calumny. Indeed, he is not considered to possess the true faith of the Christianity who is recognized to have come to Christian baptism, not spontaneously, but unwillingly.

Too, no Christian ought to presume, apart from the juridical sentence of the territorial power, wickedly to injure their persons, or with violence to take away their property, or to change the good customs which they have had until now in whatever region they inhabit.

Besides, in the celebration of their own festivals, no one ought to disturb them in any way, with clubs or stones, nor ought any one try to require from them or to extort from them services they do not owe, except for those they have been accustomed from times past to perform.

In addition to these, We decree, blocking the wickedness and avarice of evil men, that no one ought to dare to mutilate or diminish a Jewish cemetery, nor, in order to get money, to exhume bodies once they have been buried.

If anyone, however shall attempt, the tenor of this decree once known, to go against it - may this be far from happening! - let him be punished by the vengeance of excommunication, unless he correct his presumption by making equivalent satisfaction.

We desire, however, that only those be fortified by the guard ofthis protection who shall have presumed no plotting for the subversion of the Christian faith.

Given at the Lateran, by the hand of Raynaldus, Archbishop of Acerenza, acting for the Chancellor, on the 17th day before the Kalends of October, in the second indiction, and the 1199th year of the Incarnation of the Lord, and in the second year of the pontificate of the Lord Pope, Innocent III.

- 출전: R. Laffan, ed., *Select Historical Documents: 800-1492*, NY: Holt, 1929, pp. 100-101.

4. 참고문헌

Lowney, Chris, *A Vanished World: Muslims, Christians, and Jews in Medieval Spain*, Oxford: Oxford University Press, 2006.

Marcus, Jacob Rader, *The Jew in the Medieval World: A Sourcebook, 315-1791*, Cincinnati, OH: Hebrew Union College Press, 1999.

Trachtenberg, Joshua, *The Devil and the Jews: The Medieval Conception of the Jew and Its Relation to Modern Anti-Semitism*, Chapel Hill, NC: University of North Carolina Press, 2002.

중세 서유럽 교회의 분열과 화합

•
•
•

1. 제목

교회의 대분열(The Great Schism: University of Paris and the Schism, 1393)

2. 해제

서유럽 교회는 1378년부터 1417년까지 교황이 동시에 두 명 존재하는 '대분열'을 겪었다. 이 분열은 14세기 초 프랑스 왕 필리프 4세 (Philip IV, 재위 1285~1314)의 지원으로 교황이 된 프랑스 출신 클레멘스 5세(Clemens V, 재위 1305~1314)가 교황청을 프랑스에 인접한 아비뇽으로 옮겨간 사건으로부터 시작되었다. 아비뇽에 위치했던 교황청을 1377년 교황 그레고리우스 11세(Gregorius XI, 재위 1370~1378)가 다시 로마로 이전했다. 1378년 그레고리우스 11세가 사망하고, 그 뒤를 이어서 이탈리아 출신인 우르바누스 6세(Urbanus V, 재위 1378~1389)가 교황으로 선출되었다. 이에 추기경단은 교황 선출이 로마인들의 위협 속에 진행되었기 때문에 무효이며 우르바누스 6세는 교황직에서 물러나야 한다고 주장했다. 그러나 우르바누스 6세는 교황직을 고수했다. 이 와중에 추기경단은 프랑스인인 클레멘스 7세(Clemens VII, 재위 1378~1394)를 교황으로 선출했다. 그는 교황청을 다시 아비뇽으로 옮겼다. 이렇게 하여 두 명의 교황, 즉 로마에는 우르바누스 6세 아비뇽에는 클레멘스 7세가 존재하는 '교회의 대분열' 시대가 시작되었다.

이 사료는 1393년 프랑스 왕의 요청에 따라 파리 대학의 신학자들이 교회의 대분열을 어떻게 종식시킬지에 대해 논의한 내용의 일부로, 대분열의 상태를 확인할 수 있다.

3. 사료

The first way. Now the first way to end the schism is that both parties should entirely renounce and resign all rights which they may have or claim to have to the papal office. ……

The second way. But if both cling tenaciously to their rights and refuse to resign, as they have done up to now, we would propose the way of arbitration. That is, that they should together choose worthy and suitable men, or permit such to be chosen in a regular and canonical way, and these shall have the full power and authority to discuss the case and decide it, and if necessary and expedient, and approved by those who according, to the canon law have the authority [that is, the cardinals] they may also have the right to proceed to the election of a pope.

The third way. If the rival popes, after being urged in a brotherly and friendly manners will not accept either of the above ways, there is a third way which we propose as an excellent remedy for this sacrilegious schism. We mean that the matter shall be left to a general council. This general council might be composed, according to canon law, only of prelates, or, since many of them are very illiterate, and many of them are bitter partisans of one or the other pope, there might be joined with the prelates an equal number of masters and doctors of theology and law from the faculties of approved universities. Or if this does not seem sufficient - anyone, there might be added besides one or more representatives from cathedral chapters and the chief monastic orders, in order that all decisions might be rendered only after most careful examination and mature deliberation.

- 출전: Oliver J. Thatcher, and Edgar Holmes McNeal, eds., *A Source Book for Medieval History*, New York: Scribners, 1905, pp. 326-327.

4. 참고문헌

Coriden, James, *An Introduction to Canon Law*, Mahwah, NJ: Paulist Press, 2004.

Fried, Johannes, "The Long Century of Papal Schisms," in *The Middle Ages*, Cambridge, MA: Harvard University Press, 2015.

• • •

1. 제목

콘스탄츠 공의회(Council of Constance, 1415)

2. 해제

1378년 이래도 지속된 서유럽 교회의 분열은 콘스탄츠 공의회의 결의에 따라 종식되었다. 신성로마제국 황제 지기스문트(Sigismund, 재위 1411~1437)를 비롯한 여러 사람들의 요청에 따라 교황권 주창자 중 한명인 요한 23세(Ioannes XXIII, 재위 1410-1415)의 주도로 1414년 오늘날 독일의 콘스탄츠에서 공의회가 개최되었다. 여기에는 29명의 추기경, 100명의 신학자, 134명의 수도원장을 비롯하여 183명의 주교와 대주교가 참석한 것으로 알려진다. 콘스탄츠 공의회는 로마와 아비뇽의 교황을 모두 사퇴시키고 대신 마르티누스 5세(Martinus V, 재위 1417~1431)를 교황으로 선출함으로써 반세기 가까이 분열되었던 서유럽 교회를 다시 통합시킬 수 있었다. 또한 공의회의 권한이 교황권 위에 있다는 공의회 지상주의를 채택하여 대분열로 실추된 교회의 권위를 회복하고자 했다.

3. 사료

In the name of the Holy and indivisible Trinity; of the Father, Son, and Holy Ghost. Amen. This holy synod of Constance, forming a general council for the extirpation of the present schism and the union and reformation, in head and members, of the Church of God, legitimately assembled in the Holy Ghost, to the praise of Omnipotent God, in order that it may the more easily, safely, effectively and freely bring about the union and reformation of the church of God, hereby determines, decrees, ordains and declares what follows: It first declares that this same council, legitimately assembled in the Holy Ghost, forming a general council and representing the Catholic Church militant, has its power immediately from Christ, and every one, whatever his state or position, even if it be the Papal dignity itself, is bound to obey it in all those things which pertain to the faith and the healing of the said schism, and to the general reformation of the Church of God, in bead and members. It further declares that any one, whatever his condition, station or rank, even if it be the Papal, who shall contumaciously refuse to obey the mandates, decrees, ordinances or instructions which have been, or shall be issued by this holy council, or by any other general council, legitimately summoned, which concern, or in any way relate to the above mentioned objects, shall, unless he repudiate his conduct, be subject to condign penance and be suitably punished, having recourse, if necessary, to the other resources of the law. ⋯⋯

- 출전: J. H. Robinson, trans., *Translations and Reprints from the Original*

Sources of European history, Philadelphia, University of Pennsylvania Press, 1912, Series I. Vol. III: 6, pp. 31-32.

4. 참고문헌

Anderson, C. Colt, *The Great Catholic Reformers: From Gregory the Great to Dorothy Day*, Mahwah, NJ: Paulist Press, 2007.

Stump, Phillip, *The Reforms of the Council of Constance* (1414-1418), Leiden: Brill, 1993.

파리 코뮌 이후

•
•
•

1. 제목

파리 코뮌의 기억

2. 해제

파리 코뮌의 투사였던 리사가레(Prosper-Olivier Lissagaray, 1838~1901)는 코뮌의 패배 이후 런던으로 망명했다. 코뮌에 대한 당대의 기록과 증언이 대개 코뮌을 무지몽매한 악당들의 반란이자 사회적 재앙으로 묘사하는 것에 맞서, 리사가레는 후대의 사회주의자들과 노동자들에게 "올바른" 코뮌의 기억을 남겨주겠다는 명확한 목적을 갖고서 1876년에 『1871년 코뮌의 역사(Histoire de la commune de 1871)』를 출간했다. 이 사료의 "서문"은 그와 같은 리사가레의 의도를 잘 보여준다.

3. 사료

L'histoire du quatrième Etat depuis 1789 devait être le prologue de cette Histoire. Mais le temps presse; les victimes glissent dans la tombe; les perfidies libérales menacent de surpasser les calomnies usées des monarchistes; je me limite aujourd'hui à l'introduction strictement nécessaire.

Qui a fait le 18 Mars ? — Qu'a fait le Comité Central ? — Quelle a été la Commune ? — Comment cent mille Français manquent-ils à leur pays ? — Où sont les responsabilités ? — Des légions de témoins vont le dire.

C'est un proscrit qui tient la plume, — sans doute; mais un proscrit qui n'a été ni membre, ni officier, ni fonctionnaire de la Commune; qui, pendant cinq années, a vanné les témoignages; qui a voulu sept preuves avant d'écrire; qui voit le vainqueur guettant la moindre inexactitude pour nier tout le reste; qui ne sait pas de plaidoyer meilleur pour les vaincus que le simple et sincère récit de leur histoire.

Cette histoire d'ailleurs, elle est due à leurs fils, à tous les travailleurs de la terre. L'enfant a le droit de connaître le pourquoi des défaites paternelles; le parti socialiste, les campagnes de son drapeau dans tous les pays. Celui qui fait au peuple de fausses légendes révolutionnaires, celui qui s'amuse d'histoires chantantes, est aussi criminel que le géographe qui dresserait des cartes menteuses pour les navigateurs.

Londres, Novembre 1876.

- 출전: Prosper-Olivier Lissagaray, *Histoire de la commune de 1871* (1876), Préface de la première édition.

4. 참고문헌

Horne, Alistair, *The Terrible Year: The Paris Commune, 1871*, London: Macmillan, 1971.

Merriman, John, *Massacre: The Life and Death of the Paris Commune*, New York, NY: Basic Books, 2014.

Rougerie, Jacques, *Paris insurgé. La Commune de 1871*, Paris: Gallimard, 1995.

Tombs, Robert, *The Paris Commune 1871*, London: Routledge, 1999.

・ ・ ・

1. 제목

파리 코뮌 투사들에 대한 사면 논쟁

2. 해제

1871년 파리 코뮌은 베르사유군(프랑스 정규군)이 수만 명의 파리 시민을 일방적으로 학살한 "피의 주간"으로 막을 내렸다. 그리고 코뮌 투사들에 대한 대대적인 숙청이 이루어졌는데, 이들에 대한 전면적 사면을 추진하는 운동과 그것에 반대하는 운동이 공존했다. 그러던 중 1880년 6월 21일, 대표적인 급진공화파인 레옹 강베타(Léon Gambetta, 1838~1882)는 국회에서 파리 코뮌 투사들에 대해 완전한 사면령을 내리자고 설득하는 연설을 했고, 프랑스 국회가 지금까지도 손에 꼽는 19세기의 명연설 중 하나로 인정받는다.

3. 사료

Eh bien! Messieurs, je le sais, je l'ai vu, je l'entends tous les jours; ne pensez pas, ne pensez jamais qu'il y ait un autre moyen de supprimer ces récriminations éhontées sur la guerre civile autrement que par une mesure d'abolition complète, absolue; ne le pensez pas!

Pourquoi? Parce que vous ne referez pas l'histoire; parce que vous ne pourrez pas aller de quartier en quartier dans tout ce Paris qui a cette vie tragique et épouvantable qui va du 4 septembre au 26 mai; parce que vous ne pourrez pas refaire la vérité dans ces cerveaux obscurcis et dans ces âmes troublées; et entendez-le bien! Tant que restera une question d'amnistie, vraie ou fausse, posée sur une tête indigne ou sur une tête obscure, vous pouvez être convaincus que, toujours et nécessairement, vous verrez une grande masse s'égarer qu'il eût fallu recueillir, vous verrez des esprits s'enflammer et s'exaspérer qu'il eût été fort simple de maintenir dans la ligne droite. [⋯]

Je le sais, messieurs, il y a deux politiques, il y en a eu deux de tout temps, et il y en aura toujours deux, parce que le mouvement de l'esprit humain est ainsi fait qu'il porte les uns à l'innovation, à la marche en avant, à l'affirmation toujours plus hardie et toujours plus audacieuse vers le progrès, vers la conquête et vers la réforme; et qu'il retient les autres qui, par tempérament, par qualité d'esprit, — car c'est souvent une qualité, il y a plus de lest dans les esprits qui résistent — sont au contraire pour le stationnement, pour le calcul longtemps balancé avant la résolution. J'aime ces deux esprits et je les respecte.

Mais que voulez-vous? Vous allez peut-être m'accuser d'opportunisme! Je sais que le mot est odieux... Pourtant, je pousse encore l'audace jusqu'à affirmer que ce barbarisme cache une vraie politique…, que c'est en s'inspirant de la générosité des uns et de l'esprit d'examen des autres qu'il faut se décider. Et alors, étant face à face avec les difficultés, je dis à ceux-ci: "Vous touchez à la réalisation d'une mesure qui, peut-être, aurait été facilitée si elle eût été entourée, dans les réclamations qui se sont produites, de plus de mesure, de plus de sagesse." Et aux autres, je dis: "Le moment est venu de se résoudre; ne voyez-vous pas entre nous et ceux qui ne sont que des anarchistes de profession, qui ne sont que de purs démagogues, que des fauteurs de désordre; ne voyez-vous pas entre eux et nous une année compacte de braves gens, d'électeurs honnêtes et sincères qui, troublés et égarés, considèrent l'amnistie comme le retour aux plus détestables doctrines? Ne sentez-vous pas qu'il est nécessaire d'aller à eux, de les rassurer et de leur dire: 'La République, c'est un gouvernement de démocratie, c'est le gouvernement qui est le plus fort de tous les gouvernements connus contre la démagogie. Pourquoi? Parce qu'il ne gouverne et ne réprime ni au nom d'une famille ni au nom d'une maison, mais au nom de la loi et de la France.'"

〔 … 〕 il faut que vous fermiez le livre de ces dix années; que vous mettiez la pierre tumulaire de l'oubli sur les crimes et sur les vestiges de la Commune, et que vous disiez à tous, à ceux-ci dont on déplore l'absence, et à ceux-là dont on regrette quelquefois les contradictions et les désaccords, qu'il n'y a qu'une France et qu'une

République.

- 출전: Léon Gambetta, 1880년 6월 21일 연설문(*Discours sur l'amnistie à la Chambre des Députés*, 21 juin 1880), "Il n'y a qu'une France et qu'une République."

4. 참고문헌

Barral, Pierre, *Léon Gambetta: Tribun et stratège de la République (1838-1882)*, Paris: Privat, 2008.

Coghlan, J. Michelle, *Sensational Internationalism: The Paris Commune and the Remapping of American Memory in the Long Nineteenth Century*, Edinburgh: Edinburgh University Press, 2016.

Wilson, Colette, *Paris and the Commune 1871-78: The Politics of Forgetting*, Manchester: Manchester University Press, 2008.

상업의 대두에 대한 농업사회의 반응

●
●
●

1. 제목

상공업과 농업 및 자본에 대한 중농주의적 관점

2. 해제

케네(François Quesnay, 1694~1774)와 더불어 18세기 프랑스 "중농주의
(Physiocratie)"의 이론적 지주로 인정받는 미라보 후작(Victor de Riqueti,
marquis de Mirabeau, 1715~1789)은 1756년부터 1759년 사이에 『인간의
벗, 또는 인구론(L'Ami des hommes ou Traité de la population)』을 출간했
다. 이 책은 상공업에 대한 농업의 확고한 경제적 · 정치적 · 도덕적
우위를 주장했는데, 그 후로 ¼세기 동안 활발한 논쟁을 불러일으켰
다. 당시 서구의 정치경제학자들은 대부분 이와 같은 농업의 우위를
기본적으로 인정하고 그것을 전제로 삼아 인구증가, 부국강병, 복리
증진을 논했으나 때로는 상업이 농업에 비해 전혀 열등하지 않다고
주장하는 논자들도 있었다. 『인간의 벗』은 프랑스혁명이 진행된
1790년대에, 그리고 흔히 공화주의와 자유주의 사이의 징검다리로
이해되는 19세기 초 세(Jean-Baptiste Say, 1767~1832)의 전성기에 이르

기까지 정치경제학자라면 필히 계승·논박·전유해야 하는 고전이
되었다.

3. 사료

Ce n'est point ici le lieu de remarquer ce qu'il est sorti de loix utiles
et de principes fondamentaux du sein de cette barbarie; (car le propre
des choses humaines est d'être un mélange continuel de bien & de mal.) Les loix
féodales, les assemblées de la nation dominante pour y traiter des
principaux objets du gouvernement, et autres usages que les nations
les plus policées regrettent encore, sont et seront toujours des
preuves que les plus saines lumières de l'esprit humain et de la loi
natuelle percent à travers les plus épais nuages de l'ignorance et de
la barbarie. Les principes d'honneur de l'ancienne Chevalerie ne
laissent pas même à la Philosophie moderne l'avantage d'en être le
masque.

Mais on nie pas que l'Agriculture et le commerce ne fussent l'objet
de leur mépris. Il s'en faut bien cependant que ce ne fût au même
degré. Ces braves nations ne connoissoient guères de vertus dont
la valeur ne fut le principe et le point central; la générosité, la
franchise, la bonne-foi, l'hospitalité, la noblesse, vertus si précieuses
à ces anciens preux, prenoient leur source dans la force de l'ame
et du corps, et dans l'indépendance de l'efprit. Il regardoient le
commerce comme propre à abatardir l'une & l'autre, et n'attribuoient

pas les mêmes effets à l'Agriculture, dont ils sentoient d'ailleurs l'indispenfable nécessité. Aussi voit-on qu'ils exceptèrent, des points nombreux de dérogeance établis parmi eux l'Agriculture exercée sur son propre champ: mais enfin tour ce qui n'avoit pas trait à l'exercice des armes leur paroissoit un acte de renonciation à la gloire et à toute prééminence; et cet injuste préjugé s'est soûtenu bien plus long-temps que n'a duré la trace de leurs vertus. Depuis près de cent ans, le Gouvernement en France a eu grande attention à établir et encourager le commerce; mais il n'a encore rien fait de direct pour l'Agriculture. Je sçais que l'un de ces objets tient à l'autre, nous le dirons assez dans la suite de ceci; mais l'Agriculture est la racine, et cela se sent. [⋯]

L'Agriculture est non-seulement de tous les arts le plus admirable, le plus nécessaire dans l'état primitif de la société, il est encore, dans la forme la plus compliquée que cette même société puisse recevoir, le plus profitable et le plus rapportant: c'est le genre de travail qui rend le plus à l'industrie humaine avec usure ce qu'il en reçoit. La mer attend tout de la terre & de celui qui la fait valoir; il est inutile de le repérer; mais je soutiens que les profits de l'Agriculture sont plus sûrs et plus considérables que le commerce maritime et même que la recherche de l'or.

- 출전: Victor de Riqueti, marquis de Mirabeau, *L'Ami des hommes, ou Traité de la population*, Première partie, Chapitre III, L'Agriculture qui peut seule multiplier les subsistances est le premier des arts, Avignon, 1756, pp. 31-32.

4. 참고문헌

Fox-Genovese, Elizabeth, *The Origins of Physiocracy: Economic, Revolution and Social Order in Eighteenth-Century France*, Ithaca, NY: Cornell University Press, 1976.

Shovlin, John, *The Political Economy of Virtue: Luxury, Patriotism, and the Origins of the French Revolution*, Ithaca, NY: Cornell University Press, 2006.

Vardi, Liana, *The Physiocrats and the World of the Enlightenment*, Cambridge: Cambridge University Press, 2012.

Weulersse, Georges, *Le mouvement physiocratique en France* (de 1756 à 1770), 2 vols, Paris: Alcan, 1910.

1. 제목

상공업과 농업 및 자본에 대한 중농주의적 관점에 대한
스미스의 비판

2. 해제

스미스(Adam Smith, 1723~1790)는 젊은 시절 프랑스에서 케네, 튀르고 (Anne Robert Jacques Turgot, 1727~1781), 모를레(André Morellet, 1727~ 1819), 달랑베르(Jean-Baptiste le Rond d'Alembert, 1717~1783)를 위시한 철학자·정치경제학자들을 만나서 많은 영향을 받았다. 그는 스코틀랜드에 돌아온 뒤 미라보의 『인간의 벗』과 튀르고의 『부의 형성과 분배에 관한 논고(Réflexions sur la formation et la distribution des richesses, 1769 ~1770)』에 대한 응답이자 영국의 중상주의 정책에 대한 비판으로서 『국부론(An Inquiry into the Nature and Causes of The Wealth of Nations)』을 1776년에 출간했다. 이 책은 출간 즉시 대성공을 거두며 고전의 반열에 올랐으며, 프랑스혁명에 이르기까지 개혁가들에게 널리 읽혔다. 스미스는 상공업, 농업, 자본이 서로 의존·보완적 관계에 있으며 국부의 성패는 기계적 경제과학으로 쉬이 재단할 수 없는 복잡한 유기체적 동학에 달려 있다고 주장했다.

3. 사료

The unproductive class, that of merchants, artificers, and manufacturers, is maintained and employed altogether at the expense of the two other classes, of that of proprietors, and of that of cultivators. 〔 … 〕 The unproductive class, however, is not only useful, but greatly useful to the other two classes. By means of the industry of merchants, artificers, and manufacturers, the proprietors and cultivators can purchase both the foreign goods and the manufactured produce of their own country which they have occasion for with the produce of a much smaller quantity of their own labour than what they would be obliged to employ if they were to attempt, in an awkward and unskilful manner, either to import the one or to make the other for their own use. By means of the unproductive class, the cultivators are delivered from many cares which would otherwise distract their attention from the cultivation of land. The superiority of produce, which, in consequence of this undivided attention, they are enabled to raise, is fully sufficient to pay the whole expense which the maintenance and employment of the unproductive class costs either the proprietors or themselves. The industry of merchants, artificers, and manufacturers, though in its own nature altogether unproductive, yet contributes in this manner indirectly to increase the produce of the land. It increases the productive powers of productive labour by leaving it at liberty to confine itself to its proper employment, the cultivation of land; and the plough goes frequently the easier and the better by means of the labour of the man whose business is most remote from the plough.

It can never be the interest of the proprietors and cultivators to restrain or to discourage in any respect the industry of merchants, artificers, and manufacturers. The greater the liberty which this unproductive class enjoys, the greater will be the competition in all the different trades which compose it, and the cheaper will the other two classes be supplied, both with foreign goods and with the manufactured produce of their own country.

It can never be the interest of the unproductive class to oppress the other two classes. It is the surplus produce of the land, or what remains after deducting the maintenance, first, of the cultivators, and afterwards of the proprietors, that maintains and employs the unproductive class. The greater this surplus the greater must likewise be the maintenance and employment of that class. The establishment of perfect justice, of perfect liberty, and of perfect equality is the very simple secret which most effectually secures the highest degree of prosperity to all the three classes. [⋯]

Some speculative physicians seem to have imagined that the health of the human body could be preserved only by a certain precise regimen of diet and exercise, of which every, the smallest, violation necessarily occasioned some degree of disease or disorder proportioned to the degree of the violation. Experience, however, would seem to show that the human body frequently preserves, to all appearances at least, the most perfect state of health under a vast variety of different regimens; even under some which are generally believed to be very far from being perfectly wholesome.

But the healthful state of the human body, it would seem, contains in itself some unknown principle of preservation, capable either of preventing or of correcting, in many respects, the bad effects even of a very faulty regimen. Mr. Quesnai, who was himself a physician, and a very speculative physician, seems to have entertained a notion of the same kind concerning the political body, and to have imagined that it would thrive and prosper only under a certain precise regimen, the exact regimen of perfect liberty and perfect justice. He seems not to have considered that, in the political body, the natural effort which every man is continually making to better his own condition is a principle of preservation capable of preventing and correcting, in many respects, the bad effects of a political economy, in some degree, both partial and oppressive. Such a political economy, though it no doubt retards more or less, is not always capable of stopping altogether the natural progress of a nation towards wealth and prosperity, and still less of making it go backwards. If a nation could not prosper without the enjoyment of perfect liberty and perfect justice, there is not in the world a nation which could ever have prospered. In the political body, however, the wisdom of nature has fortunately made ample provision for remedying many of the bad effects of the folly and injustice of man, in the same manner as it has done in the natural body for remedying those of his sloth and intemperance.

- 출전: Adam Smith, *An Inquiry into the Nature and Causes of The Wealth of Nations* (1776), in Book IV: On Systems of Political Economy, Chapter IX: On the Agricultural Systems, or of those Systems of Political Economy which represent the Produce of Land as either the sole or the principal Source of the Revenue and Wealth every Country (Kathryn Sutherland, ed., *Selected Edition, Oxford World's Classics*, Oxford, 1993, pp. 385-387).

4. 참고문헌

Hont, István, "Adam Smith and the Political Economy of the 'Unnatural and Retrograde' Order," in *Jealousy of Trade: International Competition and the Nation-State in Historical Perspective*, Cambridge, MA: Belknap Press of Harvard University Press, 2005, pp. 354-388.

Hundert, E. J., *The Enlightenment's Fable: Bernard Mandeville and the Discovery of Society*. Cambridge: Cambridge University Press, 1994.

Whatmore, Richard, "Adam Smith's Role in the French Revolution," *Past & Present*, 175, 2002, pp. 65-89.

Winch, Donald, *Adam Smith's Politics: An Essay in Historiographic Revision*, Cambridge: Cambridge University Press, 1978.

근대 유럽의 종교적 분열

•
•
•

1. 제목

기독교 종파간 박해 - 칼라스 사건

2. 해제

장 칼라스(Jean Calas, 1698~1762)는 툴루즈에서 가족과 함께 살던 60대 초반의 개신교 신자였다. 그의 장남이 1761년 10월에 집에서 죽은 채로 발견됐다. 누가 봐도 이것은 자살이었으나, 툴루즈 고등법원은 소문에 근거해서 그 젊은이가 가톨릭으로 개종하려 했기 때문에 아버지에게 살해당했다는 결론을 내렸고, 고문과 사형을 판결했다. 1762년 3월에 장 칼라스는 마지막 순간까지 자신의 무죄를 주장하며 처형당했다. 집행인이 그의 팔과 다리를 하나씩 부쉈고, 윈치를 동원해 목 부분의 척추뼈를 탈구시켰다. 몸이 말 그대로 완전히 파괴되고 나서야 칼라스는 산 채로 커다란 바퀴에 묶여 광장의 기둥 위에 놓였다. 볼테르(François-Marie Arouet, Voltaire, 1694~1778)는 3월 말에 이 사건에 관한 소식을 처음 들었다. 그는 주로 편지의 형태로 장 칼라스의 무죄를 입증하기 위한 일련의 문서들을 준비했으며, 주장을 다듬어 1763년에 『관용론』을 출간했다. 많은 독자들은 그 책이 출판되자마자 볼테르가 주장한 보편적 관용이라는 대의에 열광했다.

3. 사료

Je saisis les offres d'amitié que vous me faittes pour vous demander une grâce. C'est de vouloir bien monsieur m'instruire de la vérité, si on la peut découvrir dans l'horrible avanture des Calas. Deux des enfans de ce malheureux sont dans mon voisinage. Ils attestent le ciel et la terre. Ils émeuvent tous les esprits. Ils jurent que leur père était innocent, que c'était le plus doux des hommes et le meilleurs des pères. Il a disent ils crié au ciel jusqu'au dernier moment contre la fureur superstitieuse dont il était la victime. Il a pardonné à ses juges. Le dominicain qu'on avait mis auprès de luy, dit qu'il voudroit mourir aussi saintement que cet infortuné. On ne luy a pu confronter aucun témoin oculaire. Il paraît phisiquement impossible qu'il ait pu pendre son fils dans les circonstances où on le suppose. Cinq juges ont opiné à l'absoudre, les huit autres étaient des pénitents blancs, séduits et enivrez de l'horrible superstition d'un peuple insensé qui mettait le pendu au nombre des martirs. Un seul de ces huit juges qui aurait écouté la raison en se rangeant à l'opinion des cinq juges raisonables, aurait sauvé la vie à un innocent. Voylà monsieur ce qu'on dit, ce qu'on écrit, et qui remplit tous les étrangers d'indignation et de pitié. On se rappelle tant de jugements iniques qui ont égorgé l'innocence, avec le poignard de la justice. On crie que nous sommes une nation odieuse, intolérante, superstitieuse, aussi atroce que frivole, qui passe des St Barthelemi à l'opéra comique, qui sait rouer des innocents, et qui ne sait combattre ny sur mer ny sur terre. J'entends avec douleur tous ces reproches affreux. Le silence du parlement dans une occasion où il devrait publier son arest motivé, ferme la bouche à qui conque veut soutenir l'équité de son jugement. Enfin monsieur je vous supplie de me dire une vérité qui importe au genre humain.

- 출전: 볼테르(François Marie Arouet, "Voltaire")가 에스페르 드 샤젤(Balthazar Espeir de Chazel)에게 보낸 편지. 1762년 3월 27일 토요일. Digital correspondence of Voltaire, general editor: N., Cronk, letter editor: T. D. N., Besterman, letter no. D10391, https://doi.org/10.13051/ee:doc/voltfrVF1080352b1c

4. 참고문헌

Garrisson, Janine, *L'Affaire Calas: Miroir des passions françaises*, Paris: Fayard, 2004.

Jouanna, Arlette, et al., eds., *Histoire et dictionnaire des guerres de religion*, 1559-1598. Paris: Robert Laffont, 1998.

Pomeau, René, et al., *Voltaire en son temps*, 2 tomes, Paris: Fayard, 1995.

1. 제목

유대인 통합

2. 해제

유대인은 중세 및 근대 초기 유럽에서 언제나 경멸과 박해의 대상이었으며, "선량한 기독교인"이 해서는 안 되는(이를테면 사채업 같은) 더럽고 부도덕한 일만을 도맡아 함으로써만 자신들의 사회적 존재 가치를 인정받았다. 프랑스혁명 발발 직전인 1788년, 그레구아르 신부(Henri Jean-Baptiste Grégoire, 1750~1831)는 유대인을 기독교적 혹은 국민적 습속에 동화시키고 인류라는 "보편적 가족"의 일원에 포함시키자고 주장함으로써 강제적 동화의 논리와 보편주의적 관용의 논리를 복합적으로 제시했다.

3. 사료

Après avoir exposé le tableau des malheurs du peuple juif, nous avons détruit beaucoup d'imputations calomnieuses dont on les a chargés; nous avons remonté aux causes qui ont produit et perpétué la haine entr'eux et les nations, qui ont altéré le caractere physique et moral des Juifs, nous avons établi le danger de les tolérer tels qu'ils sont, la nécessité de les réformer, et la possibilité d'y parvenir. Rarement en avons-nous appellé à l'expérience future, car le passé est presque toujours venu appuyer nos raisonnemens. Nous croyons avoir fait entrer dans ce plan tous les moyens qui peuvent changer les opinions et rectifier l'homme moral; mais les avons-nous prescrites avec assez d'énergie pour émouvoir les cœurs en portant la conviction dans les esprits? Il est des détails dans lesquels nous ne sommes pas entrés, pour ne pas injurier la pénétration du lecteur, et parce que les questions rentrant l'une dans l'autre, se décident par les mêmes principes. Le peintre qui esquisse un grand tableau, s'occupe-t-il de la bordure? [···]

Ô nations, depuis dix-huit siecles vous foulez les débris d'Israël! La vengeance divine déploie sur eux ses rigueurs; mais vous a-t-elle chargés d'être ses ministres? La fureur de vos peres a choisi ses victimes dans ce troupeau désolé; quel traitement réservez-vous aux agneaux timides, échappés du carnage, et réfugiés dans vos bras? Est-ce assez de leur laisser la vie, en les privant de ce qui peut la rendre supportable? Votre haine fera-t-elle partie de l'héritage de vos enfans? Ne jugez plus cette nation que sur l'avenir; mais si vous envisagez de nouveau les crimes passés des Juifs et leur corruption actuelle, que ce soit pour déplorer votre ouvrage; auteurs de leurs vices, soyez-le de leurs vertus; acquittez votre dette et celle de vos aïeux.

Un siècle nouveau va s'ouvrir: que les palmes de l'humanité en ornent le frontispice, et que la postérité applaudisse d'avance à la réunion de vos cœurs. Les Juifs sont membres de cette famille universelle qui doit établir la fraternité entre tous les peuples; et sur eux, comme sur vous, la révélation étend son voile majestueux. Enfans du même pere, dérobez tout prétexte à l'aversion de vos freres, qui seront un jour réunis dans le même bercail; ouvrez-leur des asyles ou ils puissent tranquillement reposer leurs têtes et sécher leurs larmes, et qu'enfin le Juif, accordant au Chrétien un retour de tendresse, embrasse en moi son concitoyen et son ami.

- 출전: Henri Grégoire, *Essai sur la régénération physique, morale et politique des Juifs, ouvrage couronné par la Société royale des sciences et des arts de Metz, le 23 août 1788*, Metz: Devilly, 1789, Chapitre XXVII, pp. 191-194.

4. 참고문헌

양희영, 「그레구아르 신부와 프랑스혁명기 유대인 문제」, 『프랑스사 연구』, 30, 2014, pp. 65-90.

Jacob, Margaret, *The Secular Enlightenment*, Princeton: Princeton University Press, 2019.

Sepinwall, Alyssa Goldstein, *The Abbe Gregoire and the French Revolution: The Making of Modern Universalism*, Berkeley, CA: University of California Press, 2005.

미술품 약탈

.
.
.

1. 제목

미란다에게 쓴 편지: 예술의 맥락과 가치

2. 해제

미술비평가이자 고고학자인 카트르메르 드 캉시(Antoine-Chrysostome Quatremère de Quincy, 1755~1849)가 프랑스군에 의한 이탈리아 문화재 약탈이 본격적으로 시작된 1796년 4월 5일부터 7월 31일 사이에 출판한 글로, 프란치스코 데 미란다(Sebastián Francisco de Miranda y Rodríguez de Espinoza, 1750~1816)에게 보내는 일곱 편의 편지로 구성되어있다. 이탈리아 약탈로 대표되는 총재정부의 '예술 침략'을 정면으로 비판하는 이 글에서, 카트르메르는 예술작품은 원래 창작 당시 정해진 장소와 목적에서부터 분리되어 나오면 그 가치를 상실하며, 인류 문명의 보고인 로마를 훼손하는 것은 대혁명의 정신을 모독하는 야만적 행위이자 또 다른 형태의 압제와 폭력이라고 주장하였다.

3. 사료

Je vous ai, je crois, suffisamment entretenu, mon ami, dans ma dernière lettre, du tort irréparable que causeroit à la science et à l'art une imprudente convoitise des trésors de l'antiquité que renferme l'Italie, et sur-tout Rome. Je vous ait fait voir que le premier effet de leur violation seroit de tarir les sources, et d'obstruer les canaux qui versent journellement dans le réservoir commun, le tribut progressif des découvertes nouvelles. En fait de découvertes, sur-tout, il y a une sorte de vertu magnétique, de puissance attractive, dont il faut bien se garder de rompre le charme. Que l'Europe favorise de tous ses moyens l'heureuse restitution qui s'opère chaque jour de tout ce que le temps, la barbarie et la guerre ont enfoui et dévoré: tel est le vœu des véritables amis des arts.

Je veux vous parler dans cette lettre d'une autre nature d'effets plus funestes encore, et qui seroient dûs à une dispersion quelconque des monumens antiques de Rome. Vous le savez trop bien, mon ami, que diviser c'est détruire. Vous ne voulez pas qu'on vous prouve que le véritable principe de la destruction, c'est la décomposition: vous êtes trop instruit pour douter que disperser les élémens et les matériaux d'une science, ne soit le véritable moyen de détruire et de tuer la science. Si cela est, la décomposition du muséum de Rome seroit la mort de toutes les connoissances dont son unité est le principe. Qu'est-ce que l'antique à Rome, sinon un grand livre dont le temps a détruit ou dispersé les pages, et dont les recherches modernes remplissent chaque jour les vuides, et réparent les lacunes? Que feroit la Puissance qui choisiroit pour les exporter et se les approprier, quelques-uns de ces monumens les plus curieux, précisément ce que feroit un ignorant qui arracheroit d'un livre les feuillets où il trouveroit les vignettes?

Est-ce donc pour le plaisir d'entasser et d'empiler que se forment ces recueilles en tout genre d'instruction? Ne sont-ils donc qu'un puéril étalage de la vanité ou de l'avarice, ces dépôts de livres, de machines, d'histoire naturelle, que le génie de la science ouvre de toute part pour en faire les écoles publiques des nations? Pourquoi ce soin qu'on prend de les compléter, et de fondre en un dépôt capital, autant qu'il se peut, les richesses isolées ou éparses des recueils secondaires? N'est-ce pas parce que tous ces objets réunis s'éclairent et s'expliquent l'un par l'autre? N'est-ce pas pour que l'étudiant trouve sans se déplacer, les divers instrumens d'étude, et saisisse, comme concentrés en un foyer, les rayons divergens de la science qu'il apprend? Que penseriez-vous d'un projet qui tendroit à dépecer le muséum d'histoire naturelle de Paris, pour que chaque ville de la France eut sa part de cette collection nationale?

Dépecer le museum d'antiquités de Rome, seroit une bien plus haute folie, et d'une conséquence bien plus irremédiable. Les autres peuvent toujours se recompléter: celui de Rome ne pourroit plus l'être. Le lieu qu'occupent les autres est assez souvent indépendant du genre de leur science: celui de Rome a été placé là par l'ordre même de la nature, qui veut qu'il ne puisse exister que là: le pays fait lui-même partie du muséum. [···]

Le véritable muséum de Rome, celui dont je parle, se compose, il est vrai, de statues, de colosses, de temples, d'obélisques, de colonnes triomphales, de thermes, de cirques, d'amphithéâtres, d'arcs de triomphe, de tombeaux, de stucs, de fresques, de bas-reliefs, d'inscriptions, de fragments d'ornements, de matériaux de construction, de meubles, d'ustensiles, etc. etc.; mais il ne se compose pas moins des lieux, des sites, des montagnes, des carrières, des routes antiques, des positions respectives des villes ruinées, des rapports géographiques, des relations de tous les objets entre eux, des souvenirs, des traditions locales, des usages encore existants, des parallèles et des rapprochements qui ne peuvent se faire que dans le pays même.

- 출전: Antoine-Chrysostme Quatremère de Quincy, *Lettres à Miranda sur le préjudice qu'occasionneroient aux Arts et à la Science, le déplacement des monuments de l'art de l'Italie, le démembrement de ses Écoles, et la spoliation de ses Collections, Galeries, Musées, &c., Troisième Lettre*, Paris: Desenne, an IV, 1796, pp. 19-22.

4. 참고문헌

Poulot, Dominique, *Une histoire du patrimoine en Occident, XVIIIe-XXIe siècle. Du monument aux valeurs*, Paris: Presses universitaires de France, 2006.

Quatremère de Quincy, Antoine-Chrysostome, *Lettres à Miranda sur le déplacement des monuments de l'art de l'Italie*, Introduction et notes par Édouard Pommier, 2e édition, Paris: Macula, 1989.

Quatremère de Quincy, Antoine-Chrysostome, *Letters to Miranda and Canova on the Abduction of Antiquities from Rome and Athens*, trans., Chris Miller and David Gilks, introduction by Dominique Poulot, Los Angeles, CA: Getty Research Institute, 2012.

1. 제목

이탈리아 예술작품 몰수정책을 지지하는 예술가 37명이
총재정부에 제출하는 청원

2. 해제

카트르메르 드 캉시를 포함한 예술가 50명이 총재정부에 이탈리아
예술품 약탈 중단 청원을 제출하자, 이에 맞서 또 다른 37인은 아래
와 같은 청원을 작성한다. 다비드(Jacques-Louis David, 1748~1825), 드농
(Dominique Vivant Denon, 1747~1825), 페르시에(Charles Percier, 1764~1838)
등 혁명기 주요 예술가들이 약탈 반대론자들 가운데 자리한 반면,
그들과 신고전주의 미학을 공유한 레뇨(Jean-Baptiste Regnault, 1754~
1829), 제라르(François Gérard, 1770~1837), 미샬롱(Claude Michallon, 1752~
1799)과 프랑스유물박물관의 관리자인 르누아르(Marie Alexandre Lenoir,
1761~1839)는 약탈 찬성론자로 이름을 올렸다. 이들의 주장에 따르
면 혁명을 거치면서 "자유의 땅"으로 거듭난 프랑스는 인류를 대신
해 로마의 귀중한 예술품들을 보호하고 후대에 전할 마지막 안식처
이며, 이를 전범으로 삼아 고대인들의 업적에 견줄만한 예술적 발전
을 이룩할 잠재력을 지녔다.

3. 사료

Un gouvernement astucieux semble se faire un parti jusque dans nos murs par des pétitions adroitement combinées. Il cherche à retenir des chefs-d'œuvre qu'il a fait semblant de nous céder: ses efforts sont secondés par des artistes estimables, qui ont l'amour des arts pour motif; mais nous aussi nous sommes artistes! et si nous demandons qu'on transporte ici ces chefs-d'œuvre, c'est pour l'honneur, la gloire du nom français, et l'amour que nous portons à ces mêmes chefs-d'œuvre.

1. Plus notre climat paraît défavorable aux arts, plus nous avons besoin de modèles pour vaincre les obstacles qui pourraient s'opposer chez nous à leur progrès; c'est par une longue habitude du vrai et du beau que nous formons notre goût. Les Romains, jadis grossiers, sont parvenus à civiliser leur nation, en transplantant chez eux ces productions de la Grèce vaincue. À leur exemple, profitons de nos conquêtes, et faisons passer de l'Italie en France tout ce qui peut agrandir l'imagination. Que les obélisques égyptiens viennent orner nos places et y attester nos triomphes sur l'Europe entière lâchement conjurée contre un seul peuple! Si dans le siècle dernier une foule d'artistes de tout genre ont presque égalé les anciens, si notre école actuelle, sans en excepter l'italienne, est encore la meilleure qui existe, qui ne fera pas le génie français aidé par tous les secours que le gouvernement rassemble de toutes parts? Il faut

que ces chefs-d'œuvre exposés au regard du public interrogent et développent les dispositions d'une jeunesse sensible, et que, électrisé à cette vue, celui à qui la nature a donné le germe du vrai talent dise comme le peintre ultramontain: "et moi aussi je suis peintre." 〔 ⋯ 〕

Le véritable but des arts ne fut jamais de contenter la vanité d'un petit nombre de riches; les arts ont une fin plus utile et plus grande, c'est d'instruire une nation, de former ses mœurs, son goût, et de graver dans sa pensée des images qui lui rappellent sans cesse de hautes vertus et sa propre dignité.

Ainsi, il est temps que le Peuple français apprenne à aimer et à juger les arts comme il convient à un peuple libre; qu'il prenne aussi des sentiments conformes à sa nouvelle situation. Naturellement doué d'un sens exquis, la vue des modèles de l'antiquité réglera son esprit et son discernement, et en les comparant avec ces œuvres divins, bientôt il appréciera les ouvrages de ses artistes; alors la gloire des talents ne sera plus circonscrite dans le centre étroit de quelques prétendus amateurs; c'est du Peuple seul qu'ils voudront mériter les suffrages, et ce sera la plus belle récompense du génie!

2. En admettant que l'on puise qu'à Rome admirer ces chefs-d'œuvre, quel garant nous donnera-t-on de la bienveillance et de la sincérité des Romains? qui nous assurera de la tranquillité

future de l'Italie? qui nous répondra enfin que des convulsions, qui ne sont point impossibles, ne détruiront pas un jour, ou ne transporteront pas ailleurs toutes ces richesses? Quel regret serait le nôtre d'avoir, par une condescendance coupable, donné cet avantage à nos ennemis et porté aux arts, chez nous, le préjudice le plus funeste? […]

La République française, par sa force, la supériorité de ses lumières et de ses artistes, est le seul pays au monde qui puisse donner un asile inviolable à ces chefs-d'œuvre. Il faut que toutes les nations viennent emprunter de nous les beaux-arts avec autant d'empressement qu'elles ont jadis imité notre frivolité; et quand nous leur auront donné la paix, elles s'empresseront de venir ici puiser la sagesse et le bon goût que ces chefs-d'œuvre feront naître, et nos manufactures, aujourd'hui languissantes, brilleront d'un nouvel éclat.

3. L'idée de faire de Rome le Muséum de l'univers est plus séduisante que praticable dans les circonstances actuelles, elle est même désavantageuse, car cette prétendue philanthropie ne tend à rien moins qu'à entretenir la nullité et l'orgueil de cette ville indolente et superstitieuse, et à l'entretenir à jamais dans la dépendance d'un gouvernement corrompu et corrupteur.

En effet, ôtez à Rome cette ressource servile et précaire, forcez-la à recourir à une industrie plus active, à cultiver ses campagnes désertes et malsaines, alors son peuple sentira véritablement sa dignité, et l'espèce humaine sera bientôt délivrée de cette puissance lâchement ambitieuse qui a troublé et trouble encore le monde par des discordes éternelles.

Signé: Gauthier, J.-B. Isabey, Lormier, Redouté, Regnault, Gérard, Chery, Vandael, Duvivier, Vernet, Guillon, Dumont, Dutertre, Dendrillon, Laneuville, peintres; Hubert, Van Cleemputte, Gerbet, Peyre neveu, Thierry, Veny, architectes; Dupasquier, Villette, Georgery, Michallon, Chaudet, Castex, sculpteurs; Belissen, inspecteur général du théâtre des arts; Lenoir, conservateur; Guillot, artiste; Bourgeois, Ève Demaillot, Schall, Henard, Constantin, Aug. C. Belle, Foucon.

- 출전: Pétition adressée au Directoire le 12 vendémiaire an IV (30 octobre 1796), par trente-sept artistes, pour soutenir la politique des saisies d'œuvres d'art en Italie.

4. 참고문헌

Gilks, David, "Art and politics during the 'First' Directory: artists' petitions and the quarrel over the confiscation of works of art from Italy in 1796," *French History*, 26(1), 2012, pp. 53-78.

Pommier, Édouard, *L'art de la liberté. Doctrines et débats de la Révolution française*, Paris: Gallimard, 1991.

Poulot, Dominique, *'Surveiller et s'instruire': la Révolution française et l'intelligence de l'héritage historique*, Oxford: Voltaire Foundation, 1996.

"통합된 유럽"의 꿈과 현실

●
●
●

1. 제목

2005년 프랑스 국민투표에서 2004년 유럽헌법제정조약의
비준이 부결되다

2. 해제

2004년에 로마에서 체결된 "유럽헌법제정조약"은 유럽연합, 유럽공
동체, 유럽경제공동체, 유럽석탄철강공동체에서 형성된 각종 조약·
의정서·부속문서를 통합하여 그것들을 대체하기 위해 만들어진 헌
법 형태의 조약이며, 유럽헌법이라고 줄여 부르기도 한다. 이 조약
에 대해 모든 가맹국이 비준 절차를 밟아야 했다. 2005년 프랑스와
네덜란드는 이 비준을 국민투표에 부쳤고, 그 결과 프랑스에서 반대
54.68%, 네덜란드에서 반대 61.54%가 기록되어 유럽헌법은 결국 무
효가 되었다. 아래 사료는(국민투표의 합법성을 판단하는 권한을 갖는) 프랑
스 헌법평의회의 투표결과 선언문이다.

3. 사료

Le Conseil constitutionnel,

Vu la Constitution;

Vu l'ordonnance no 58-1067 du 7 novembre 1958 modifiée portant loi organique sur le Conseil constitutionnel;

Vu la loi organique no 76-97 du 31 janvier 1976 modifiée sur le vote des Français établis hors de France pour l'élection du Président de la République, notamment son article 20;

Vu le décret no 92-770 du 6 août 1992 fixant les conditions d'application de la loi organique du 31 janvier 1976 susvisée au cas de vote des Français établis hors de France pour un référendum;

Vu le décret no 2005-218 du 9 mars 2005 décidant de soumettre un projet de loi au référendum;

Vu le décret no 2005-237 du 17 mars 2005 portant organisation du référendum;

Vu le décret no 2005-238 du 17 mars 2005 relatif à la campagne en vue du référendum;

Vu le code électoral en ses dispositions rendues applicables par les décrets susvisés;

Vu le règlement applicable à la procédure suivie devant le Conseil constitutionnel pour les réclamations relatives aux opérations de référendum, arrêté le 5 octobre 1988;

Vu les décisions des 24 mars, 7 avril, 3, 19 et 25 mai 2005 par lesquelles le Conseil constitutionnel a statué sur des réclamations mettant en cause la légalité des décrets des 9 et 17 mars 2005 susvisés;

Vu les procès-verbaux établis par les commissions de recensement, les procès-verbaux des opérations de vote portant mention des réclamations présentées par des électeurs et les pièces jointes, pour l'ensemble des départements ainsi que pour Mayotte, Saint-Pierre-et-Miquelon, les îles Wallis et Futuna, la Polynésie française et la Nouvelle-Calédonie;

Vu les résultats consignés dans le procès-verbal établi par la commission électorale instituée par l'article 5 de la loi organique no 76-97 du 31 janvier 1976;

Vu les rapports des délégués du Conseil constitutionnel;

Vu les autres pièces et documents portés à la connaissance du Conseil constitutionnel;

Les rapporteurs ayant été entendus;

Après avoir rejeté comme irrecevables les réclamations d'électeurs qui lui sont parvenues directement en méconnaissance de l'article 1er du règlement du 5 octobre 1988 susvisé et du premier alinéa de l'article 20 du décret no 2005-237 du 17 mars 2005;

Après avoir examiné, parmi les réclamations portées par les électeurs aux procès-verbaux des opérations de vote, celles mettant en cause les opérations électorales dans leur ensemble, et conclu que les faits exposés, à les supposer établis, n'étaient de nature à porter atteinte ni à la régularité ni à la sincérité du scrutin;

Après avoir statué sur les autres réclamations mentionnées dans ces procès-verbaux;

Après avoir opéré diverses rectifications d'erreurs matérielles et procédé aux redressements qu'il a jugé nécessaires, ainsi qu'aux annulations énoncées ci-après;

1. Considérant que, dans le bureau de vote de la commune de Chartèves (Aisne), dans les quatre bureaux de la commune de Lodève (Hérault), ainsi que dans le bureau no 2 de la commune de Sinnamary (Guyane), dans lesquels respectivement 198, 3 257 et 98 suffrages ont été exprimés, le procès-verbal des opérations de vote n'était pas tenu à la disposition des électeurs afin qu'ils puissent, le cas échéant, y porter mention de leur contestation comme le prévoit l'article 1er du règlement du 5 octobre 1988 susvisé; que ces irrégularités se sont poursuivies en dépit des observations faites à ce sujet par le magistrat délégué du Conseil constitutionnel; que, devant ces méconnaissances délibérées d'une disposition destinée à assurer la sincérité du scrutin ainsi que le droit au recours, il y a lieu d'annuler l'ensemble des suffrages exprimés dans ces bureaux de vote;

2. Considérant que, dans le premier bureau de vote de la commune de La Bernerie-en-Retz (Loire-Atlantique), dans lequel 754 suffrages

ont été exprimés, de nombreux électeurs ont été autorisés à voter sans être passés par l'isoloir en violation de l'article L. 62 du code électoral; que cette irrégularité s'est poursuivie en dépit des observations faites par le magistrat délégué du Conseil constitutionnel; que, compte tenu de la persistance de ce bureau de vote à ne pas appliquer les dispositions du code électoral destinées à assurer le secret du vote, le Conseil constitutionnel n'est pas en mesure de s'assurer de la sincérité du scrutin; que, par suite, il y a lieu d'annuler l'ensemble des suffrages émis dans le bureau en cause;

3. Considérant que, dans la commune de Montjoie-en-Couserans (Ariège), le président du bureau de vote no 5, dans lequel 59 suffrages ont été exprimés, s'est opposé à ce que le magistrat délégué du Conseil constitutionnel, chargé de suivre sur place les opérations électorales, accomplisse la mission qui lui était impartie; qu'en raison de cette entrave le Conseil constitutionnel n'est pas en mesure d'exercer son contrôle; qu'il y a lieu dès lors d'annuler l'ensemble des suffrages émis dans ce bureau de vote;

4. Considérant que, dans l'unique bureau de vote de la commune de Hélette (Pyrénées-Atlantiques), dans lequel 358 suffrages ont été comptabilisés comme exprimés, les électeurs n'ont pas été invités à signer la liste d'émargement comme le prescrivent les dispositions du troisième alinéa de l'article L. 62-1 du code électoral; que cette

pratique irrégulière s'est poursuivie alors même que le magistrat délégué du Conseil constitutionnel avait invité le bureau de vote à la faire cesser; que la méconnaissance délibérée d'une obligation qui a pour objet de permettre le contrôle des opérations électorales et d'assurer ainsi la sincérité du scrutin justifie l'annulation de l'ensemble des suffrages émis dans la commune;

5. Considérant que, dans le 43e bureau de vote de la commune de Saint-Pierre (La Réunion), dans lequel 573 suffrages ont été exprimés, les opérations de dépouillement des deux cents premiers bulletins ont été contestées au regard des dispositions de l'article L. 65 du code électoral; qu'en dépit de ces contestations les bulletins en cause ont été immédiatement détruits; qu'en conséquence le Conseil constitutionnel n'est pas en mesure d'apprécier la régularité des opérations de dépouillement de ce bureau de vote; que, dès lors, il y a lieu d'annuler les suffrages qui y ont été émis;

6. Considérant que, compte tenu des rectifications et annulations opérées, les résultats du scrutin doivent être arrêtés conformément au tableau annexé à la présente décision de proclamation,

Proclame: Le référendum du 29 mai 2005 sur le projet de loi autorisant la ratification du traité établissant une Constitution pour l'Europe soumis au Peuple français a donné les résultats suivants:

Electeurs inscrits: 41 789 202

Votants: 28 988 300

Suffrages exprimés: 28 257 778

OUI: 12 808 270

NON: 15 449 508

Délibéré par le Conseil constitutionnel dans ses séances des 30 mai, 31 mai et 1er juin 2005, où siégeaient: M. Pierre Mazeaud, président, MM. Jean-Claude Colliard et Olivier Dutheillet de Lamothe, Mme Jacqueline de Guillenchmidt, MM. Pierre Joxe et Jean-Louis Pezant, Mme Dominique Schnapper et M. Pierre Steinmetz.

Le président,

Pierre Mazeaud

- 출전: *Proclamation des résultats du référendum du 29 mai 2005*, en date du 1er juin 2005, NOR CSCX0508486X, J.O. du 04/06/2005 texte no. 7 (pages 9951/9953), Référendum sur le projet de loi autorisant la ratification du traité établissant une Constitution pour l'Europe.

4. 참고문헌

Grossman, Emiliano, *France and the European Union: After the Referendum on the European Constitution*, London: Routledge, 2019.

Hutter, Swen, Edgar Grande and Hanspeter Kriesi eds., *Politicising Europe: Integration and Mass Politics*, Cambridge: Cambridge University Press, 2016.

Statham, Paul and Hans-Jörg, Trenz, *The Politicization of Europe: Contesting the Constitution in the Mass Media*, London: Routledge, 2012.

Hodson Dermont and Imelda Maher eds., *The Transformation of EU Treaty*

Making: The Rise of Parliaments, Referendums and Courts since 1950, Cambridge: Cambridge University Press, 2018.

1. 제목

2007년 리스본 조약

2. 해제

2007년 12월 13일 리스본에서 체결된 이 조약은 프랑스와 네덜란드의 국민투표에서 그 비준이 부결된 유럽헌법제정조약을 대체하기 위해 그것을 개정한 조약이다. 유럽 각국이 번갈아 맡던 6개월 임기의 순회의장국 제도를 없애고 유럽이사회 의장직을 설치했으며, 2004년 조약에 비해 "헌법적" 혹은 "국가적" 요소를 상당히 제거한 개정조약으로 평가받는다. 2009년 12월 1일에 발효했으며 오늘날 유럽연합의 정치적 통합의 뼈대를 이룬다.

3. 사료

GENERAL PROVISIONS

2) Article 1 shall be amended as follows:

(a) the following words shall be inserted at the end of the first paragraph:

'on which the Member States confer competences to attain objectives they have in common.';

(b) the third paragraph shall be replaced by the following:

'The Union shall be founded on the present Treaty and on the Treaty on the Functioning of the European Union (hereinafter referred to as "the Treaties"). Those two Treaties shall have the same legal value. The Union shall replace and succeed the European Community.'.

3) The following Article 1a shall be inserted:

'Article 1a

The Union is founded on the values of respect for human dignity, freedom, democracy, equality, the rule of law and respect for human rights, including the rights of persons belonging to minorities. These values are common to the Member States in a society in which pluralism, non-discrimination, tolerance, justice, solidarity and equality between women and men prevail.'.

4) Article 2 shall be replaced by the following:

'Article 2

1. The Union's aim is to promote peace, its values and the well-being of its peoples.

2. The Union shall offer its citizens an area of freedom, security and justice without internal frontiers, in which the free movement of persons is ensured in conjunction with appropriate measures with respect to external border controls, asylum, immigration and the prevention and combating of crime.

3. The Union shall establish an internal market. It shall work for

the sustainable development of Europe based on balanced economic growth and price stability, a highly competitive social market economy, aiming at full employment and social progress, and a high level of protection and improvement of the quality of the environment. It shall promote scientific and technological advance.

It shall combat social exclusion and discrimination, and shall promote social justice and protection, equality between women and men, solidarity between generations and protection of the rights of the child.

It shall promote economic, social and territorial cohesion, and solidarity among Member States.

It shall respect its rich cultural and linguistic diversity, and shall ensure that Europe's cultural heritage is safeguarded and enhanced.

4. The Union shall establish an economic and monetary union whose currency is the euro.

5. In its relations with the wider world, the Union shall uphold and promote its values and interests and contribute to the protection of its citizens. It shall contribute to peace, security, the sustainable development of the Earth, solidarity and mutual respect among peoples, free and fair trade, eradication of poverty and the protection of human rights, in particular the rights of the child, as well as to the strict observance and the development of

international law, including respect for the principles of the United Nations Charter.

6. The Union shall pursue its objectives by appropriate means commensurate with the competences which are conferred upon it in the Treaties.'.

5) Article 3 shall be repealed, and the following Article 3a shall be inserted:

'Article 3a

1. In accordance with Article 3b, competences not conferred upon the Union in the Treaties remain with the Member States.

2. The Union shall respect the equality of Member States before the Treaties as well as their national identities, inherent in their fundamental structures, political and constitutional, inclusive of regional and local self-government. It shall respect their essential State functions, including ensuring the territorial integrity of the State, maintaining law and order and safeguarding national security. In particular, national security remains the sole responsibility of each Member State.

3. Pursuant to the principle of sincere cooperation, the Union and the Member States shall, in full mutual respect, assist each other in carrying out tasks which flow from the Treaties.

The Member States shall take any appropriate measure, general or particular, to ensure fulfilment of the obligations arising out of the

Treaties or resulting from the acts of the institutions of the Union. The Member States shall facilitate the achievement of the Union's tasks and refrain from any measure which could jeopardise the attainment of the Union's objectives.'.

[…]

Article 8 A

1. The functioning of the Union shall be founded on representative democracy.

2. Citizens are directly represented at Union level in the European Parliament.

Member States are represented in the European Council by their Heads of State or Government and in the Council by their governments, themselves democratically accountable either to their national Parliaments, or to their citizens.

3. Every citizen shall have the right to participate in the democratic life of the Union. Decisions shall be taken as openly and as closely as possible to the citizen.

4. Political parties at European level contribute to forming European political awareness and to expressing the will of citizens of the Union.

- 출전: Treaty of Lisbon: https://eur-lex.europa.eu/legal-content/EN/TXT/?uri=celex:12007L/TXT

4. 참고문헌

Ashiagbor, Diamond, Nicola Countouris and Ioannis Lianos eds., *The European Union after the Treaty of Lisbon*, Cambridge: Cambridge University Press, 2012.

Phinnemore, David, *The Treaty of Lisbon: Origins and Negotiation*, Basingstoke: Palgrave Macmillan, 2013.

Craig, Paul, *The Lisbon Treaty: Law, Politics, and Treaty Reform*, Oxford: Oxford University Press, 2010.

Schiek, Dagmar, Ulrike Liebert and Hildegard Schneider eds., *European Economic and Social Constitutionalism after the Treaty of Lisbon*, Cambridge: Cambridge University Press, 2011.

● 하원수

성균관대학교 사학과 교수

서울대학교 동양사학과 박사(중국고·중세사 전공)

저서로는『천성령 역주』(공저, 혜안, 2013),『역주 당육전』상·중·하(공저, 신서원, 2003~2009) 등이 있고, 논문으로는「唐前期 進士科와 明經科 급제자의 성격 분석 一例 : 科學制度의 定着 과정 解明을 위한 試論」(『中國古中世史硏究』50, 2018),「魏晉南北朝 時期의 '士'에 관한 一試論 : 日本 學界에서의 '貴族'論에 대한 再檢討를 중심으로」(『大東文化硏究』80, 2012),「唐代 進士科의 登場과 그 變遷 — 科學制度의 歷史的 意義 再考」(『史林』36, 2010) 등이 있다.

● 박기수

성균관대학교 사학과 교수

성균관대학교 사학과 박사(중국근세사 전공)

저서로는『중국 전통 상업관행과 기업』(공저, 한국학술정보, 2014).『명청시대 사회경제사』(공저, 이산, 2007) 등이 있고, 논문으로는「18世紀 廣州에서의 公行의 設立과 解散」(『동양사학연구』141, 2017),「淸 중엽 牛痘法의 도입과정과 광동 行商의 역할」(『명청사연구』40, 2013).「한국과 중국의 자본주의맹아론」(『史林』28, 2007) 등이 있다.

저자 약력

● 최자명

성균관대학교 사학과 조교수

미국 University of Pennsylvania 박사(일본근대사 전공)

논문으로는 「근대일본 농업교육과 사회계급의 분화 : 요코이 도키요시(橫井時敬)의 동경농업대학의 사례를 중심으로」(『대동문화연구』102, 2018), "The Hegemony of Tokyo Imperial University and the Paradox of Meritocracy in Modern Japan"(*Journal of Japanese Studies*, vol. 44, no. 1, 2018), "Envisioning the Amateur Masses: The Sports Purification Movement and Fashioning a Middle-Class Identity of Leisure at Tokyo Imperial University"(*Asia Pacific Journal of Sport and Social Science*, vol. 2, no.3, 2013) 등이 있다.

● 이상동

성균관대학교 사학과 조교수

영국 University of Stirling 박사(서양중세사 전공)

논문으로는 "The Miracles and Cult of St Margaret of Scotland"(*Scottish Historical Review*, vol. 97, no. 1, 2018), 「민족 상징물의 기원: 스코틀랜드의 민족 아이콘, '운명의 돌'의 경우」(『역사학보』280, 2018), 「만들어진 컬트: 성 토마스 베켓(St. Thomas Becket) 숭배 의식과 '베켓 성수(Becket's water)'」(『역사학보』232, 2016) 등이 있다.

● 김민철

성균관대학교 사학과 조교수

영국 University of St Andrews 역사학부 박사(서양근대사 전공)

역서로는 『계몽사상의 유토피아와 개혁 : 철학이 아닌 역사로 밝힌 18세기 계몽사상』(글항아리, 2018), 『캘리번과 마녀 : 여성, 신체 그리고 시초축적』(공역, 갈무리, 2011) 등이 있고, 논문으로는 "Condorcet and the Viability of Democracy in Modern Republics, 1789–1794"(*European History Quarterly*, vol. 49, no. 2, 2019), "Volney and the French Revolution"(*Journal of the History of Ideas*, vol. 79, no. 2, 2018), "Republicanism in the Age of Commerce and Revolutions: Barère's Reading of Montesquieu"(*French History*, vol. 30, no. 3, 2016) 등이 있다.

세계사 속의 갈등과 통합

초판 1쇄 인쇄 2019년 12월 26일
초판 1쇄 발행 2019년 12월 31일

지은이 하원수·박기수·최자명·이상동·김민철
펴낸이 신동렬
책임편집 신철호
편집 현상철·구남희
마케팅 박정수·김지현

펴낸곳 성균관대학교 출판부
등록 1975년 5월 21일 제1975-9호
주소 03063 서울특별시 종로구 성균관로 25-2
전화 02) 760-1253~4
팩스 02) 762-7452
홈페이지 press.skku.edu

ISBN 979-11-5550-375-1 93900

잘못된 책은 구입한 곳에서 교환해 드립니다.